図解 眠れなくなるほど面白い

# 経済の話

経済評論家
神樹兵輔

日本文芸社

## ◇まえがき・日常生活に「経済」の視点を取り入れておトクな人生を！

私たちの生活は「経済」という大きな枠組みの中にあります。

しかし、私たちは普段それを意識することは、ほとんどありません。

知らないうちに、「経済」という大きな流れの中で浮遊を繰り返しているだけだからです。

「経済」と「お金」は切っても切れない関係にあります。ですから「経済学」は日常生活と密接な関係があるのです。

食べ物や服を買う、居酒屋で先輩に奢《おご》ってもらう、マイホームのローンを毎月返済する、株式投資を行う、友人にお金を貸す、海外旅行に行く、ＳＮＳで友人とつながり情報発信する、フリマアプリで読み終わった本を売る、税金や社会保険料を給与から天引きされる……といった日常生活は「経済」そのものに彩られた行動に他なりません。

しかも、それらは必ずしも合理的な行動とはいえない場合も多々あるのです。

知らないうちに、不合理な選択をして、損する行動をとっていたことも往々にしてあるでしょう。

時には、人生の重大な危機を招いてしまう場面さえあるはずです。

## まえがき

どうしてそんな事態に陥《おちい》ってしまうのでしょう。

それは、「経済」というものの原理やメカニズムをまったく意識していなかったか、「知らなかった」という知識や経験不足の場合であるわけです。

本書は、そんな不合理な選択を避けていただくために、「経済」を日常生活の中で手っ取り早く、わかりやすく、面白く理解していただくことを主眼に書き下ろしたものです。

目からウロコで「経済」がわかり、賢い行動をとっていただく一助とするためです。

世の中の仕組み、儲けのカラクリ、不思議な経済パラドクス、日常生活における消費トリックといった切り口で、あなたの視界を大きく広げていきます。

こんなはずではなかった——といった失敗が、これからはきっと避けられることでしょう。

きっと頁ごとに、「そういうことだったのか」とご納得いただけると確信しています。

本書を通じて、おトクな人生を手に入れていただければ、著者としてこの上ない喜びです。

さあ、どこからでもよいので頁を開き、今すぐお読みになられることをおすすめいたします。

神樹兵輔

# 眠れなくなるほど面白い 図解 経済の話

もくじ

Contents

## 第5部 〈問題点〉日本が直面している経済の危機

# 第1部

# 行動

# 人の心を巧みに操る経済学

# ① 行動経済学は人間の非合理行動を解明する

従来の経済学は、人は常に合理的に行動することが前提のモデルで成り立っています。しかし、実際の人間は必ずしも合理的に行動するとは限りません。ここに着目したのが行動経済学です。

つまり、**行動経済学は、従来の経済学ではうまく説明できなかった社会現象などを、人間の行動を深く観察することで解明する学問といえます。**

したがって、心理学の知見が応用されています。2002年にノーベル経済学賞を受賞して一躍脚光を浴びた行動経済学者のダニエル・カーネマンが提唱した、次のような不確実性下における意思決定モデル「**プロスペクト理論**」は有名です。

たとえば、人は株式を購入し期待通り値上がりすると、早く利益確定しようと売りたくなります。しかし期待に反し、購入時よりも値下がりした場合は、再度の値上がりを期待しがちです。そうすると売り時を失してズルズルと損失を拡大させる場合も多いでしょう。これは、**人が富そのものより、富の変化量によって気持ちが変わるからです。**

次のような2つの選択肢の場合もそうです。

Ⓐ・100万円が無条件に手に入る。
Ⓑ・コインを投げて表が出たら200万円が手に入るが裏が出たら何ももらえない。

この場合は、誰もがAを選ぶでしょう。

しかし、200万円の負債を負っている人の場合は次の選択肢には異なる選択をしがちです。

Ⓐ・100万円分の負債を帳消しにする。
Ⓑ・コインの表が出たら、負債の全額を帳消しにするが、裏が出たら負債はそのままとする。

この場合、圧倒的にBを選ぶ人が多くなります。**人は目先の利益では損失回避を優先しますが、損失があれば損失それ自体の回避に走るからです。**

## プロスペクト理論の実例

プロスペクト理論は別名「損失回避の法則」とも呼ばれます。人は目先の利益は得ようとするが、損失があるとその回避のためにはリスクを取ろうとします。

### ギャンブルの例

ギャンブルで負けが込むとイチかバチかで大きく賭けて損を取り戻そうとする。その結果、大損する可能性が大に

### 「本日限り!」の例

「今日だけ30％OFF」と告知されると、目先の利益を獲得したいという欲望を刺激されつい余計な買い物に

### 赤字事業の例

赤字事業で撤退すべきなのに、過去につぎ込んだ投資がもったいなくなり、黒字になるかもと希望的観測でやめられない

### 返金保証の例

「気にいらなければ全額返金保証！」と聞くと、つい安心して大して必要でもないのに余計なモノを購入してしまう

### デメリットの例

メリットを強調されるよりも、デメリットを強調されると、損失回避の心理を刺激され、つい買ってしまう

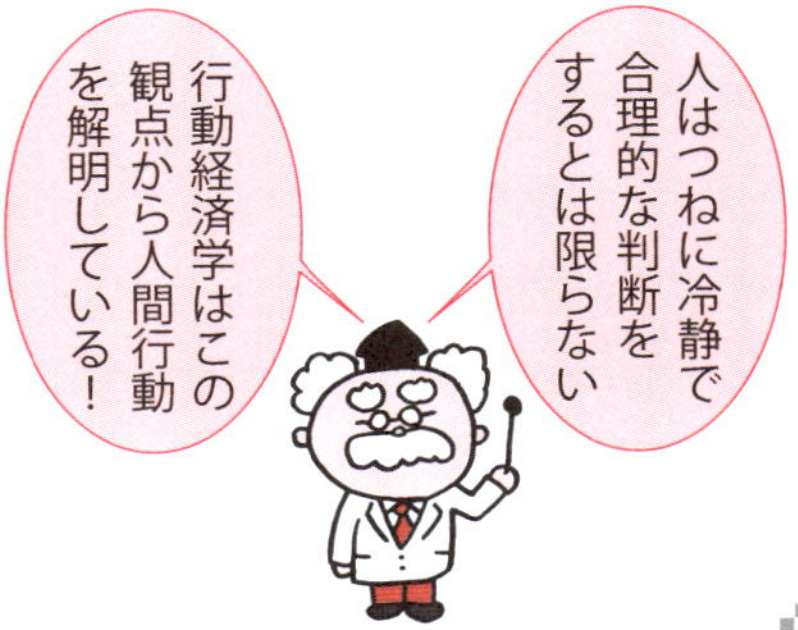
人はつねに冷静で合理的な判断をするとは限らない
行動経済学はこの観点から人間行動を解明している！

### 経済豆知識

行動経済学が発展したのは２人のユダヤ人心理学者の功績によります。エイモス・トベルスキーとダニエル・カーネマンは、「人の意思決定は後悔を最小にするために行われる」と喝破しました。

## ② 行動経済学で注目の「ナッジ理論」

2017年にノーベル経済学賞を受賞し、注目を集めたのが、シカゴ大学の行動経済学者リチャード・セイラー教授の「ナッジ理論」でした。**ナッジとは、「軽く肘《ひじ》で突く」といった意味です。人の意思決定は、規制や罰則などで動かすよりも、「ナッジ理論」で簡単に誘導できることを証明して見せたのが、セイラー教授の実証研究でした。**

行動経済学は、ヒューリスティックやバイアスによる認知への影響が重視されますが、「ナッジ理論」は、まったく人に意識されないうちに、行動を変えさせてしまうところに特徴があります。

たとえば、寿司屋の握りメニューが、松が2000円、竹が1500円、梅が1000円だと、真ん中の1500円の竹が一番売れることは、よく知られています。松はちょっと贅沢で、期待外れだったら嫌なので敬遠され、梅はチープすぎる気がして、真ん中の竹を選ぶのです。これが、ナッジ理論による**フレーミング効果**です。

オランダ・アムステルダムのスキポール空港の小便器では、内側にハエの絵を描いたことで、清掃費が8割も削減できました。人は的があるとそこに命中させたくなるという心理を応用した例です。ナッジ理論には、選択の構造的仕掛けが働いているのです。英国の運転免許証申請時には、「臓器提供者になるか？　ならないか？」という選択肢の時はイエスが少なかったのです。しかし、臓器提供者になることを前提として、ノーと答えた場合に限り「臓器提供者にならない」ことにしたら、臓器提供者が激増する結果になっています。

**多くの人の行動を変えたい時には、メリットを説かずともナッジ理論を応用し、思考の枠組み（フレーム）を少しだけ変えてやればよいわけです。**

## 街で見かける「ナッジ理論」の成功例

人の意思決定を規制や罰則などで動かすのではなく、簡単に気持ちを誘導させて動かす理論が「ナッジ理論」です。知らずに行動してしまうのが特徴です。

### 整列促進の例

人が並ぶことが多い店などは、他の店に迷惑を及ぼさないよう、床に並ぶ位置を表示しキレイに整列してもらう

### 小便器の例

「いつもキレイに使っていただきありがとうございます」と感謝の言葉を伝えることで清潔利用を促す

### レストランのメニュー表示の例

メニューの中に並ぶ料理やドリンクに「店長のおすすめ！」や「一番人気！」などの表示をつけると注文の促進ができる

### 地球環境保護の例

「地球環境保護のためにシーツ交換を希望しないお客様はこの札をベットに置いてください」と記した札を設置する

ちょっとした工夫で人々を誘導することは可能だ！

### 放置自転車対策の例

放置自転車に悩まされていた場所に「ここは不要自転車の捨て場です。ご自由にお持ちください」の看板を立てて一掃

### 経済豆知識

ナッジ理論は行動経済学の実践版です。ナッジは選択の余地を残しているので、人は自発的に選んだ感じでストレスを残しません。レジ前の床に足跡マークがあると人は自然と並んでしまいます。

# ③ メッセージで変わる人間心理

メッセージには、ポジティブな内容のものとネガティブな内容のものがあります。

いずれも人間の行動心理に影響を与えます。

太っている人に、ダイエット食品を薦める場合、「このサプリを食べるとやせられますよ」と言うより、「このサプリを食べないとブクブクと太り続けますよ」と言われたほうが損失が大きく印象づけられます。これも思考の枠組みを変えさせるフレーミング効果です。「この手術の成功率は90%です」と言われれば、手術を受けようかとも思いますが、「この手術の死亡率は10%です」などと脅かされると、不安が増して悩んでしまいます。**人は損失を強調されると、損失回避に傾くのは、行動心理学の教える通りなのです。**

このように、不安や恐怖を煽《あお》って、相手の行動を動かすことを**「フィアアピール」**ともいいます。

そして、**心理学では、行動を促す効果がポジティブメッセージより、ネガティブメッセージのほうが強いことが証明されています。**ただし、フィアアピールは、やりすぎは禁物です。脅かしすぎると、思考の枠組みを変えるどころか、相手を不快にし、拒絶反応まで引き起こしかねません。「お前、ワシの命令に逆らうとクビだからな」などと告げて、パワハラ騒動になっても困ります。「もっと活躍できる部署があるかな」ぐらいに留めたほうが効果的なのです。抽象的な言い回しのほうが、相手にあれこれ想像させるぶん不安も大きくなるからです。ただし、言いっぱなしにせずに、最後はポジティブメッセージでまとめるべきでしょう。「これも、きみの持ち前の英知と俊敏な行動力に期待しているからだよ。頼むよ」などと相手へのフォローを忘れないことが大事です。

## 「フレーミング効果」とは〝思考の枠組み〟を変えること

**本当はデメリットでも言い方次第で説得できる！**

| ネガティブ | ポジティブ |
|---|---|
| この手術の死亡率は10%です | この手術の成功率は90%です |
| タウリンが1gしか入っていない | タウリン1000mg配合！ |
| 健康を保ってくれるこの浄水器は3万円です | 3年分割払いで1日たった28円で健康が保てる浄水器です |
| 日本人の130人に1人が購入 | ご愛用者100万人突破！ |
| この宝くじの当選確率は10万分の1です | この宝くじで100万円以上当選した人は5千人です |
| 中国の人口は14億人もいる | 世界が100人の村なら中国人は2割です |
| もう40歳になったのか | まだ40歳なのか |
| 騒々しい現場だな | 活気にあふれた職場だな |
| あの人はかなり太っているよ | あの人は相当貫禄がありますよ |
| あの人は優柔不断なんですよ | あの人はとても思慮深いですよ |
| 冷酷で非情だな | おごそかでシャープだなあ |
| 下手くそな作品ですね | なかなかの作品ですね |

失敗をした時に落ち込んではいけなせん。それは失敗したのではありません。うまくいかない方法を発見しただけなのです。

### 経済豆知識

本の帯に「10万部突破！」などと書かれていると、つい手に取ってしまいます。多くの人が買っているというメッセージが、社会的証明となり安心だからです。人気ベスト3なども同じ効果です。

# ４ 消費行動に影響を及ぼすプライミング効果

**プライミングとは、点火薬、起爆剤、呼び水といった意味の単語です。行動経済学でマーケティングを論じる際にも登場する言葉のひとつです。**

たとえば、暑い夏を連想させる写真を何枚か見た後で、急にスイカやアイスキャンデー、かき氷を食べたくなるといったことがあるでしょう。

あるいは、交通事故の悲惨な映像を見た後には、車の運転が慎重になるといったこともあります。

これは、**無意識のうちに先行する刺激（プライマー）の処理が、後続する刺激（ターゲット）の処理に影響を与え、促進したり、抑制するはたらきをしたことを表わしています。**

人は、過去の豊富な経験を頼りに、物事を冷静に判断していると思いがちですが、実際にはこのように**直前に見たものや経験したことが、すぐ後の行動に影響していることが多々ある**のです。

寒い冬場になると、テレビではさかんに即席麺やカップ麺のＣＭが流されます。これは、スーパーやコンビニに行った時、ついそれも買っておこうかな――という気にさせるために他なりません。

**人は、テレビＣＭ、その時々の風景、雑誌やネットで読んだ記事、手触りや香りといったものに無意識のうちに動かされてしまうのです。**

１９３１年から始められた米国コカ・コーラ社のクリスマス広告はマーケティングの見事な成功例といわれます。大きな体に真っ赤な衣装をまとい、白い口髭をたくわえた陽気で明るいサンタクロースの姿は、この広告が起源になったからです。

実はそれ以前、サンタのイメージは世界中でバラバラでした。コカ・コーラ社が生んだこのサンタクロースが美味しそうにコークを飲む姿が、世界中に広がり、コークの売上にも貢献したのです。

## プライミング効果を活用しよう!

### これがプライミング効果

先行する刺激（プライマー） → 影響 → 後続する刺激（ターゲット）

### 促進効果

野菜を沢山食べると健康に良いという情報を伝えるニュースを見た！ → お昼は何を食べようかな？　そうだ、野菜炒め定食を食べよう！

### 抑制効果

駅の階段を急ぎ足で降りる人が転んで怪我をした場面を目撃した！ → いつの間にか、ゆっくり慎重に歩くようになる自分に気づいた！

人間の脳は直前に見たり、聞いたりしたものに対して大きく影響を受け知らずに行動に出てしまいます！

### 経済豆知識

子供の遊びで「10回ピザ、ピザと言ってみて」と相手に「ピザ、ピザ、ピザ…」と言わせ、最後に「ここは何？」と肘《ひじ》を指すと、つい「膝《ひざ》」と言ってしまいます。これもプライミング効果です。

# 5 消費行動を変化させるBGM効果

感性マーケティングで重要なものに、人の聴覚を刺激するBGM（背景音楽）効果があります。スーパーや百貨店、レストランやリラクゼーション施設ではBGMが欠かせません。それは消費を促進させるべく仕組まれたものだからです。

具体的な効果には、主に3つが挙げられます。

**一番目は、「マスキング効果」と呼ばれるものです。**マスキングには、覆《おお》い隠す、包み込むといった意味があります。他の邪魔な音を隠す効果です。

たとえば、BGMを流すことで、外部の騒音などを遮断する効果があるでしょう。これで独自の環境空間を作れます。

また、レストランなどでは、厨房《ちゅうぼう》で料理する音、食器を洗う音などを消去し、他の席のお客の話声を聴こえにくくさせることも必要です。

まったくBGMがない空間では、雑音が響き渡り、落ち着いた空間を演出することができなくなるからです。

**二番目は、「イメージ誘導効果」です。**

高級感を演出したり、安らぎを演出することで、上品な環境を作り出せます。あるいは、軽快なBGMを流すことで、楽しさやワクワク感を高める効果も得られます。クリスマスやお正月といった季節感を演出することでも、シーズン商品の販促につながるでしょう。

**三番目は、「感情誘導効果」です。**

お客の気分を安らいだものに導き、ゆったりとくつろいだ気持ちにさせることで、安心感を広げ、消費意欲を喚起させます。心理学の実験では、スローテンポのBGMは、お客の足取りを遅くさせ、店内の滞在時間を伸ばすことで売上アップに寄与することがわかっています。

## BGMがもたらす効果

### 3つの効果

**マスキング効果**
騒音や邪魔な音を隠してしまう

**イメージ誘導効果**
高級感や庶民的な雰囲気といったイメージを演出する

**感情誘導効果**
安らげたり、くつろげるような音を演出しお客の気分を快適に保つ

- 飲食店でアップテンポの曲を流すと回転率が上がる
- スーパーや百貨店でスローテンポの曲を流すと売上が向上する
- 季節感をイメージさせるような曲を流すとシーズン商品が売れる
- パチンコ店でアップテンポの曲を流すと売上が向上する（勇ましい軍艦マーチなど）
- オフィス空間で快適な曲を流すと生産性が向上する

BGMにはいろいろな効果があるのです！

顧客の購買行動は、その店舗に流れているBGMの内容によって大きく影響されているのです！

### ひとくちメモ

「モーツァルト効果」をご存知ですか。モーツァルトの楽曲や他のクラシック音楽を聞くと、その後十数分間は心身によい影響が及ぶという説です。さまざまな実験結果や論争が続いています。

# ⑥ アウトレットモールの賢い仕掛け

高級ブランド品には根強いファンがついています。高価なモノを持つことで、自己顕示欲が満たされ（**ウェブレン効果**）、高級ブランド品にふさわしい自分といった気分に浸れるからです（**自己拡張・拡大効果**）。これこそが高級ブランド品が、リーズナブルな価格でなく高額たるゆえんなのです。

そのため、そんな顧客の心理を裏切るようなバーゲン展開を、同一店内で行うことはありません。高級ブランド品たる地位が揺らぐからです。

しかし、商品販売というものは機会損失（在庫がなくて売り損じること）を失くすためにも、つねに商品を多く作りすぎる危険と背中合わせです。つまり、売れ残りが生じやすい業態なのです。

売れ残った商品での見切り処分ができないと、原価は丸損です。そこで編み出されたのがアウトレットモールという賢い販売拠点の確立でした。

アウトレットモールは1980年代に米国で生まれた業態です。初めは工場の一角などで、訳あり商品などを細々と売る形が、やがて少々不便な立地にブランド品の店舗を集積させるようになったのです。お客は、高級ブランド品が安く買えると思えば、不便な場所でも、マイカーや観光バスを使って遠方のモールまで出かけてくれます。

もともと高級ブランド品は、お客にとってコストパフォーマンスのよい商品ではありません。

その証拠に、**本物と区別のつかない精巧な偽物が格安で出回りますが、原価は価格の2割以上もしないからです。高額定価がアンカリング（船の碇《いかり》効果）となってモールが安いと錯覚させられます。**

メーカーはアウトレットモールで、3割引きや7割引きといった低価格で売っても、原価を割らない範囲内ゆえに十分な利益が出せるわけです。

## 高級ブランド品は付加価値分が大きい!

| 原価 5～20% | 付加価値 80～95% |
|---|---|

### アウトレットモール

原価が安いから、アウトレットモールで
3割引き～7割引きで売っても儲けられる

### 全国のアウトレットモール展開状況

※物販店舗10以上

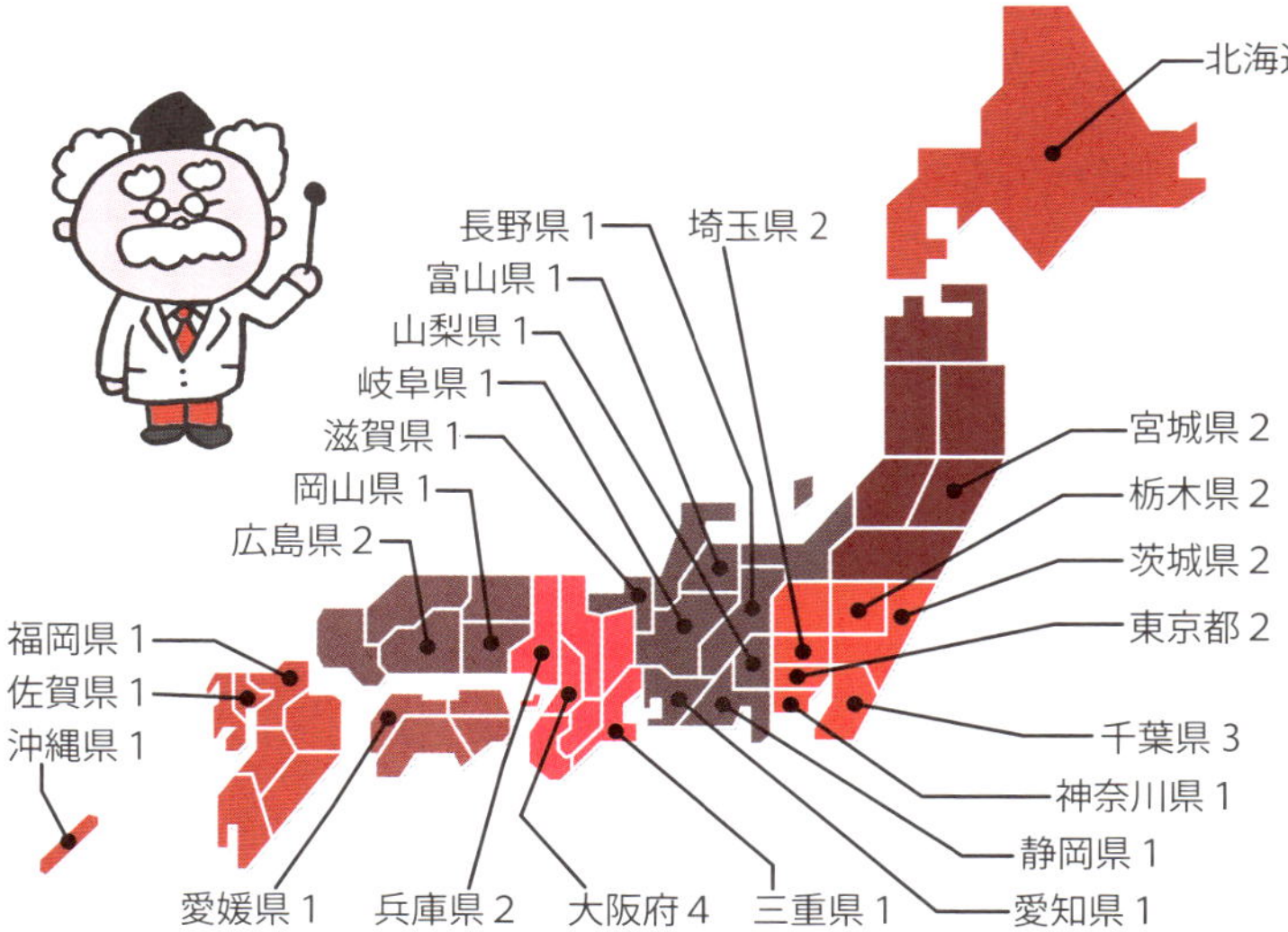


### 経済豆知識

90年代前半、日本初登場のアウトレットモール。当時は新古品や訳あり品が多く、色やサイズも不揃いで宝探し気分が味わえました。今ではアウトレット専用品も多くなり、様変わりしています。

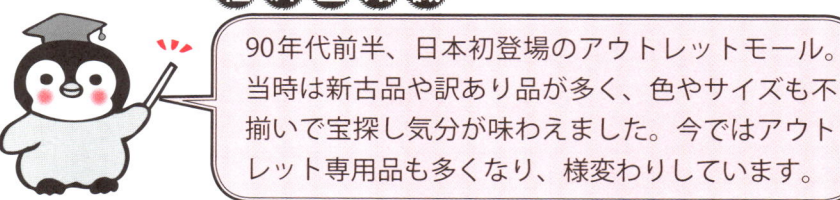

# 7 色彩がもたらす人間への影響力

**人間の行動に及ぼす色彩の力は侮《あなど》れません。**

たとえば、病院は青や白といった寒色系や無彩色カラーを天井や壁に使い、清潔感を表わします。ファストフード店では、お客を早く回転させるため、滞在時間が長く感じられる赤系や茶系といった暖色系がよく用いられています。

また、色には重さをイメージさせる効果もあります。白、薄緑、黒の3種類に色分けした同一の段ボール箱を運ぶ実験では、黒色の段ボールが一番重く感じられ、一番軽く感じられた白色の2倍近い重さを体感させています。薄緑はこれらの中間で、白色に近い体感レベルでした。白色は軽快感があるので運動靴や体操着などに使われます。

こうしたユニフォーム効果では、警察官やガードマン、葬儀社のスタッフなどの制服が黒系です。権威や厳格さをイメージさせる色だからです。また、競技用ユニフォームに黒系を多用すると重厚感が増し、実力以上に強いイメージになります。企業が不祥事を起こし、役員陣が謝罪する場面では、全員黒系のダークスーツを身にまといます。白系や薄色スーツでは反省が伝わらないからです。

周囲から軽いイメージでとらえられている人は、黒系のスーツにすると重厚感を出せるはずです。

色彩には、こうしたイメージがつきものです。

なお赤色だけは、とりわけ強力な力が働くことが知られています。米国のレストランの実験では、スタッフが赤色のシャツの時、チップが一番多くなったという有名な実験まであります。

赤は血の色に通じて目を惹《ひ》き、その人物を男女ともに魅力的に映す効果があるとされています。

つまり、服装のどこかに赤色を取り入れると、情熱的、セクシーに魅せられるモテ色なのです。

## 色彩が及ぼす心理効果

★赤…興奮・情熱・怒り・歓喜・炎・太陽・積極性・躍動性
★青…鎮静・清潔・冷静・爽快感・開放感・海・空
★黄…注意・明朗・闊達・愉快・無邪気・幼児性
★緑…森・自然・安心・休息・息吹・新芽
★黒…重厚・剛毅・不屈・厳格・格調・風格・威厳
★白…清潔・純潔・開放感・純真・雪・雲
★ピンク…かわいい・愛・恋心・童心・夢・甘え

### 空間効果

・病院
白や青を基調として清潔感を演出
・ファストフード
茶や濃いクリーム色など暖色系を基調とし、長く滞在したと錯覚させ、回転率を上げる

### 服装効果《ユニフォーム》

・黒系
威厳や強さをイメージさせる
・白系
清潔感をイメージさせる
・黄色系
無邪気さ陽気さをイメージさせる
・ピンク系
可愛さをイメージさせる
・青系
爽やかさ、フレッシュ感をイメージさせる

人間の脳は知らずに視覚から入った情報に左右されています。人間の行動と目の前の色の間には大きな関係があるのです

### ひとくちメモ

人の「好きな色」と「似合う色」は違うため、その人の肌の色や髪の色に応じて、その人が際立つ似合う色を選ぶというのが「パーソナルカラー診断」です。勝負色を知るのになかなか便利です。

# 8 原価激安の化粧品が高額で売れる秘密

２０１７年の化粧品業界の市場規模は約2兆5千億円。このうち、資生堂、花王、コーセー、ポーラ・オルビスの大手4社がシェアの7割を押え、残りを中小・零細の千数百社が奪い合う構図です。

**化粧品の原価が激安なのは業界のマル秘常識です。基礎化粧品の原料は水と油だからです。**

水と油を混ぜ合わせる合成界面活性剤の他に、色素、香料、防腐剤が入り、さらに特殊成分がちょっぴり入ります。高価といわれるヒアルロン酸はたった1g（1cc）で4ℓもの保水効果があるため、化粧品の容量全体の1～2%含まれるかどうかです。1g50円程度のヒアルロン酸をわずか0・1cc入れれば湿潤効果満点となり、原料費は5円ですみます。千円で売られる化粧品の内容物が10円程度の原料費でも、容器代や箱代のほうが高いのです。こちらに50円～100円もかかります。化粧品は内容物よりも容器代や箱代が高い不思議な商品なのです。メイクアップ製品も同様に原価激安なので参入メーカーは後を絶ちません。

化粧品メーカーといってもファブレス化（外部メーカーに製造委託する）がすすんでいます。外注で（原材料製造・乳化・香料・練り加工・容器・パッケージ製造）作ってくれるメーカーが7千社余りもひしめいているからです。

ところで化粧品業界への参入は容易でも競争は熾烈《しれつ》です。既に大手が広大な販売網を築き上げているからです。業態は、制度品メーカー、訪販メーカー、通販メーカー、一般品メーカー、百均専業メーカーなどがあるものの商品の知名度を上げるには莫大な広告費や販促費がかかります。生き残るのは至難です。ただし、**化粧品は夢を売るものゆえに高価格品ほど効果があると錯覚してくれます。**

## 化粧品業界の構造

市場規模　約2兆5千億円

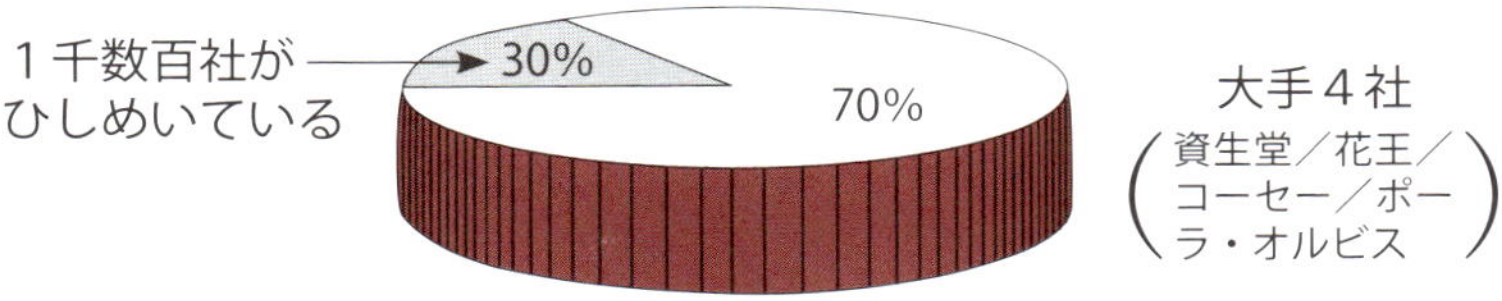


## 化粧品の原材料費は激安！

- 合成界面活性剤
- 色素
- 香料
- 防腐剤
- 特殊成分（ほんの少し）

※化粧品の内容物の原価は5～15円程度

※容器代や箱代のほうが数10円～百数10円する

※商品原価100円の化粧品を3000円で売れば、原価率はたったの3.3％で、1万円で売れば原価率は0.1％です

## 内容物は驚きの安さだった！

| 化粧水 | 乳液 | クリーム | 口紅 | ファンデーション |
|---|---|---|---|---|
|  | 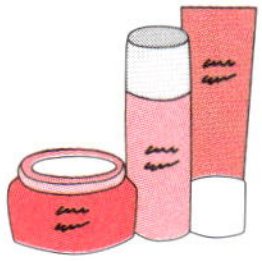 | 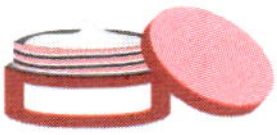 |  |  |
| 1～2円 | 2～3円 | 5～20円 | 5～10円 | 20～30円 |

### ひとくちメモ

動物の場合、オスは外見がメスより派手です。メスを引き寄せるためですが、人の場合は男性より女性が化粧で外見を磨きます。人間社会では女性が男性を引き寄せる必要があるからといいます。

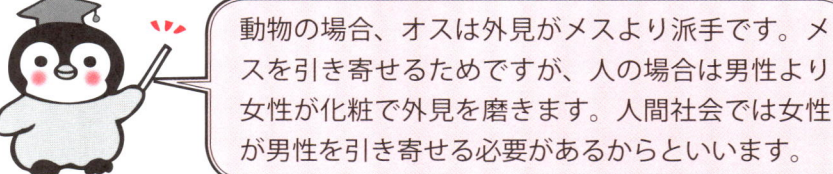

# ⑨ 客も来ない不動産屋が潰れない不思議

**日本の不動産需要は減少傾向です。**総務省が5年毎に公表する「住宅・土地統計調査」では2013年の全国の総住宅6063万戸のうち、820万戸が空き家です（空室率13・5％）。調査の度に空室率が増え続けています（1963年2・5％、73年5・5％、83年8・6％、93年9・8％、03年12・2％、08年13・1％）。

なお、賃貸用住宅に限ると、13年時点で1844万戸中、429万戸が空き家です（空室率23％）。既に4物件に1物件が空き家なのです。

**人口減少で家を借りたい需要は今後も減少し、家賃も年々下がります。そうなると街角の不動産屋もバタバタ潰《つぶ》れるかというと、実際はそうでもありません。**客の来ない不動産屋でも営業は続いています。不動産屋の主な収入は、不動産の売買仲介か賃貸斡旋《あっせん》です。売買なら片道で物件価格の3％＋6万円＋消費税が手数料です。片道分が確実に入るよう、売主とは専属媒介契約を結びたがり、日本では禁じられていないので両手売買を狙い他の不動産屋から問い合わせが入っても、すでに商談中と称し、物件を勝手に囲い込んで塩漬けにする業者もいます。売主にとっては大迷惑です。

賃貸の場合は、物件を成約させて賃貸人からの基本1カ月分の家賃が手数料ですが、家主が頼みもしないのに鍵交換、火災保険加入などで初期費用を釣り上げます。そして家主からも広告料と称し1～2カ月分の家賃相当額を不当に得るのです。

そして、最もおいしく何もしないでも稼げるのが家主から月額賃料の5～7％を徴収する「管理」業務です。管理とは名ばかりで見回りも清掃もしない場合も多いのですが、こうした物件を100件以上抱えれば、毎月の不労所得には困りません。

注・本文はひとつの例ですべての不動産屋を指すものではありません。

## 街の不動産屋が行っている「名ばかり管理」の実態

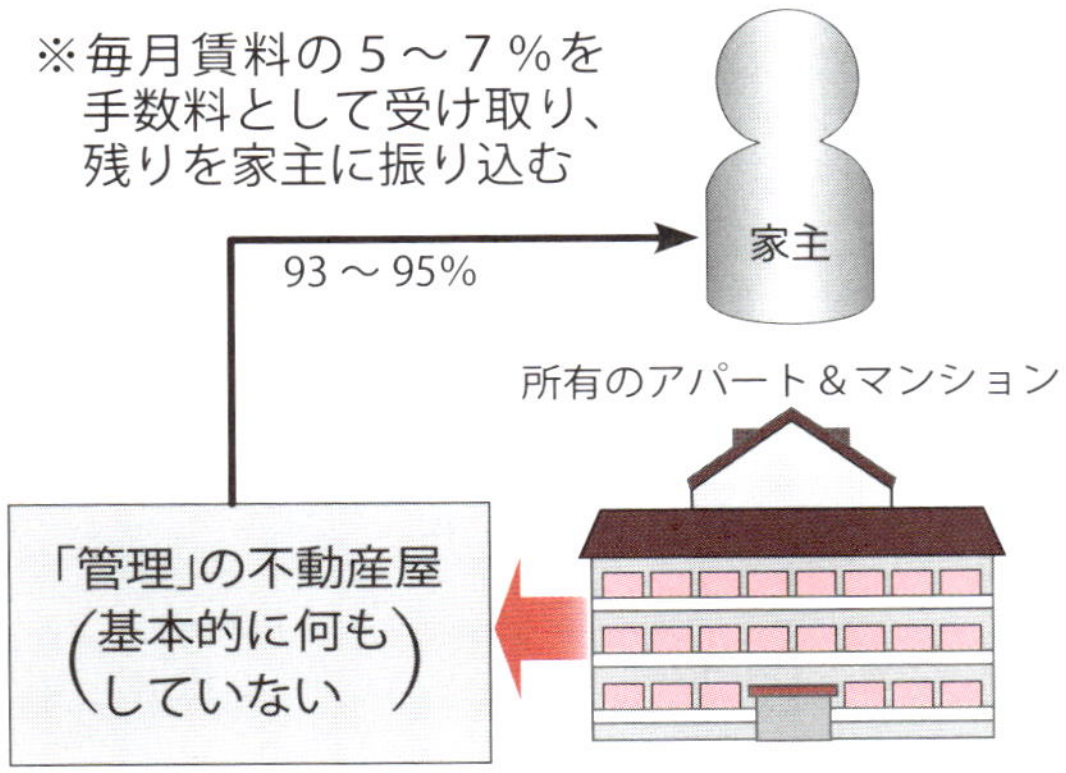


※入居者からクレームが来た時だけ対応する
※修理を業者に手配して、その2～3倍の費用を家主に請求する
※賃料滞納時の対応は入居時に契約の「家賃保証会社」に丸投げする

## 「管理」と称した物件を多数囲い込めば儲かる

１物件の平均家賃７万円とすると

賃料の５％の手数料の場合（3500円）

**100物件** ……毎月35万円の収入（年商420万円）
**300物件** ……毎月105万円の収入（年商1260万円）
**500物件** ……毎月175万円の収入（年商2100万円）
**1000物件** ……毎月350万円の収入（年商4200万円）

### 経済豆知識

日本と欧米では住宅の評価が異なります。日本の木造住宅は20年でほぼ０円評価ですが、欧米では100年を超える住宅でも売買が盛んです。文化や風土、歴史の違いがこうした差になります。

# なぜ大損するのに宝くじを大量に買う人がいるのか

宝くじの年間売上は2017年度で、7866億円でした（前年度比6・9%減）。ピークだった05年度の売上が1兆1千億円でしたから、3割近くも減っています。

全体の4割を占めるジャンボ宝くじの売上不振が影響したようです。人気の凋落《ちょうらく》に危機感を抱いたのでしょう。1等の賞金額は上がりまくり、今では年末ジャンボの賞金額は1等・前後賞合わせて10億円にもなっています。

ところで、宝くじは公営収益事業の中で、最も効率の悪いギャンブルです。競馬や競輪、競艇、オートレースの還元率が約75%もあるのに、宝くじはたったの46・8%です。民営のパチンコに到っては85%もあるのです。しかも、1枚300円の宝くじの1等当せん確率は、1千万分の1です。

「宝くじは買わないと絶対に当たりませんよ」などという客引きの声に背中を押されて衝動買いする人も少なくないでしょうが、宝くじを買い続ける人は、次のようなさまざまな**認知バイアス**に騙されているだけです。

※**感情バイアス**……自分だけは当たるかも…という楽観思考でワクワクする。

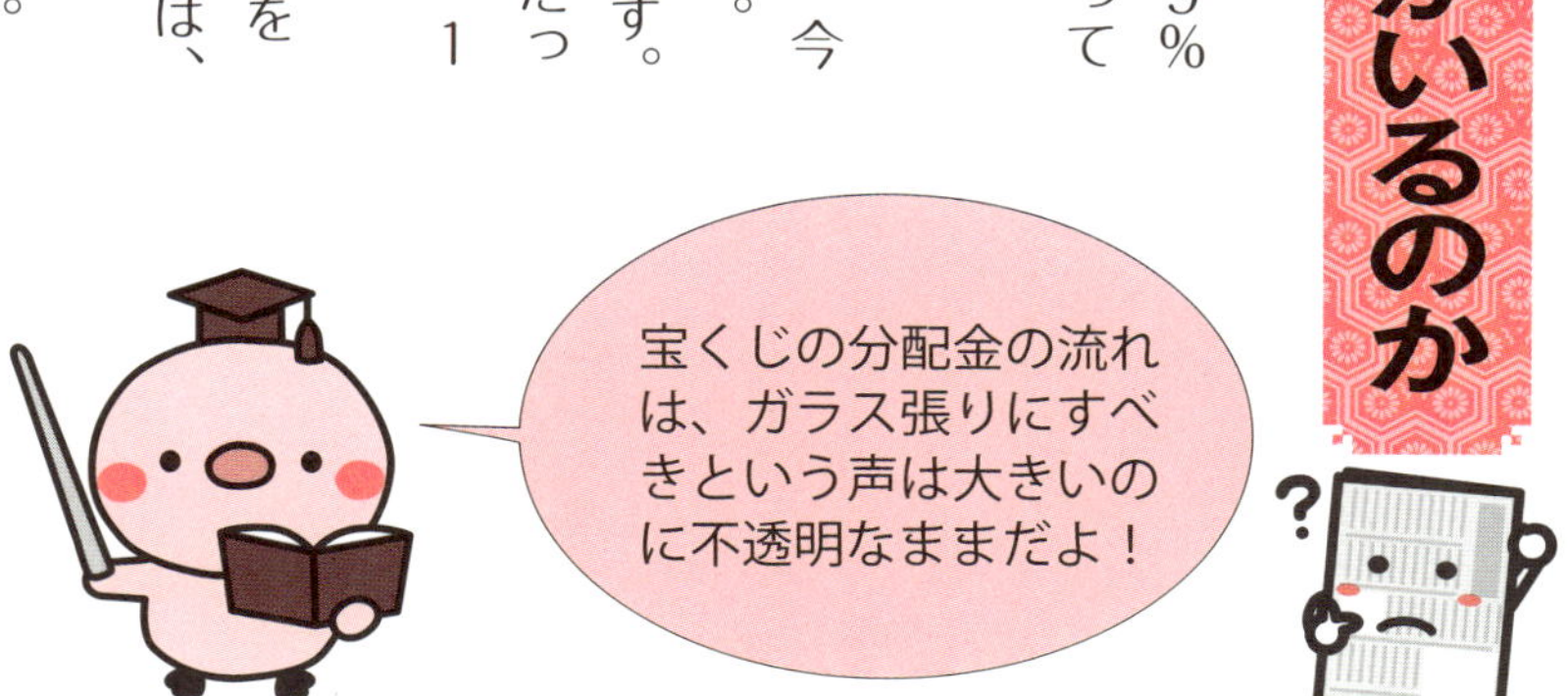
宝くじの分配金の流れは、ガラス張りにすべきという声は大きいのに不透明なままだよ！

※**確証バイアス**……高額当せん者の7割が長期購入者という都市伝説を信じる。

※**正常性バイアス**……2・4時間毎に千万長者誕生なので買うのが正しいと思う。

※**喪失不安バイアス**……買うのをやめると今までの資金と努力が無駄になると考える。

※**集団同調性バイアス**……行列を見ると自分にもチャンスがあると思える。

※**正当化バイアス**……ツキがある時・ない時、自分や他人を利用して購入する。

※**アンカーバイアス**……ツキや運のない人が当たると、自分も当たると思える。

宝くじは、自治や社会貢献を謳《うた》っていますが、資金の流れは全国の自治体の無駄な公共事業に流れるだけでなく、国の総務省所管の100以上の公益法人、団体が巧妙にぶら下がり、総務省OBが天下りして高給を貪《むさぼ》る構図になっています。宝くじは、総務省OBたちの「利権」の温床に他ならないのです。

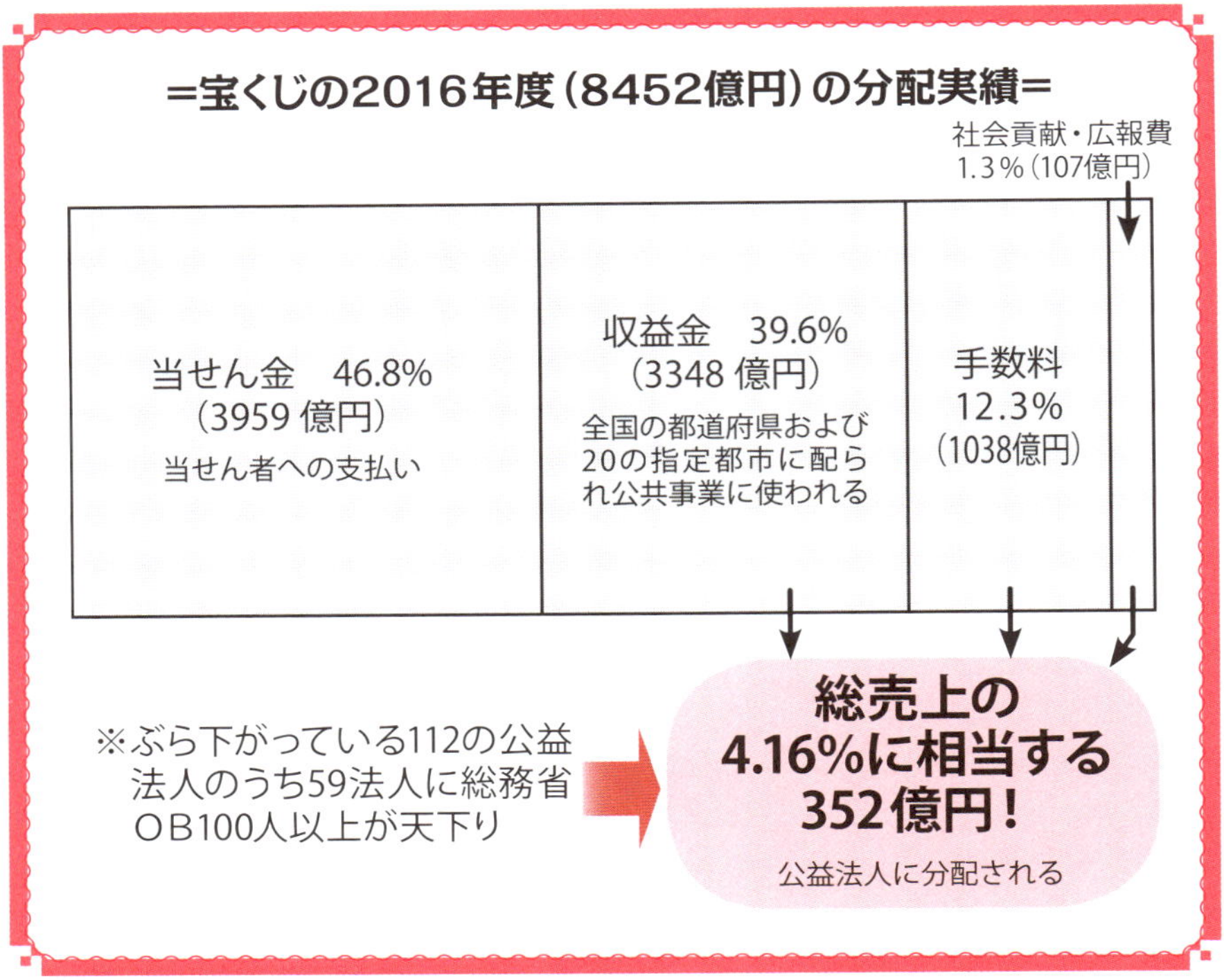

Column ①

## 冷凍食品が特定日に半額セールになる理由

スーパーの冷凍食品コーナーは半額セールを時々行っています。まとめ買いのチャンスと思うことでしょう。この半額セールは、賞味期限が近付いたための見切り処分ではありません。冷凍食品の半額セールは「オトリ商法」なのです。通常価格が「アンカー（船の碇）」として刷り込まれた結果、半額セールに「安い！」と反応してしまいます。心理学の「アンカーリング効果」です。冷凍食品は「不当景品類及び不当表示防止法」に抵触しないよう、ふだんは２倍の通常価格で販売します。実際に通常価格で売り出している期間があれば半額セールもウソではなくなります。通常価格で売ったことがないのに「50％OFF」とやれば違法です。

厳密にいえば、安売りセール表示以前８週間内に半分以上の期間（４週間）において、通常価格で売られた実績があれば半額も虚偽表示ではなくなるのです。冷凍食品は半額が本来の希望小売価格なのでしょう。

第2部

原価

# 原価で読み解く経済の仕組み

# ① 原価率4割以上でも赤字にならない仕組み

**一般に飲食店の原価率は30％以下が定石です。そうしないと、人件費、家賃、水道光熱費などが売上を超え赤字になります。しかし、ファストフードの代名詞のハンバーガー、牛丼、回転寿司では、看板メニューの原価率が軒並み4割を超えています。**たとえば、ハンバーガーは、バンズ（パン）10円、肉18円、野菜10円、ソース7円で、合計45円となり、100円（税抜93円）で提供すると推定原価率は48％です。牛丼は、牛肉80円、タマネギ6円、たれ30円、御飯40円の計156円となり、並盛380円（税抜352円）で提供すると推定原価率は44％です。回転寿司の場合はもっと高く、ウニが85円、マグロ75円、いくら70円、ハマチ64円、サーモン64円、ヤリイカ54円で、これらを100円で提供すると、原価率はそのままの数字です。

100円の回転寿司店が少なくなっている理由がわかるでしょう。原価率が高いと営業利益率は低空飛行となるのです。牛丼チェーン店は軒並み1％台がやっとです。ところが、ハンバーガーチェーン店や回転寿司店は5％を超えています。この違いはどこにあるのでしょうか。

**実はサイドメニューが充実しているかどうかの差なのです。**

牛丼店はサイドメニューにメリハリがないため利益がギリギリです。牛丼店では味噌汁15％、豚汁20％、しじみ汁20％、生卵20％程度です。一方、ハンバーガー店のサイドメニューの原価率はドリンク2～5％、ポテト10～12％、ナゲット9％です。

回転寿司店でも、ツナマヨ10％、かっぱ巻き10％、たまご20％、エビ25％です。原価率の低い商品との組み合わせが多いほど、**粗利ミックス戦略で利益が多く生まれるわけです。**

## ファストフードの看板メニューの原価率は高かった!

### ハンバーガー 93円(税抜き価格)

推定原価率 48.3%

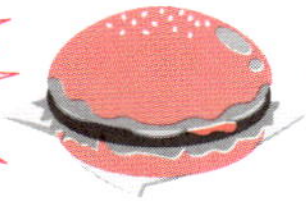

原価
- パン 10円
- 肉 18円
- 野菜 10円
- ソース 7円

計 45円

| 品目 | フィッシュバーガー | ダブルチーズバーガー | テリヤキバーガー | コーヒーM | コーラS | フライドポテトM |
|---|---|---|---|---|---|---|
| 税抜価格 | 296円 | 296円 | 296円 | 139円 | 93円 | 250円 |
| 推定原価(原価率) | 80円(27%) | 85円(29%) | 82円(28%) | 5円(3.5%) | 3～4円(3～4%) | 30円(12%) |

### 牛丼 352円(税抜き価格)

推定原価率 44.3%

原価
- 牛肉 80円
- タマネギ 6円
- たれ 30円
- ご飯 40円

計 156円

### サイドメニューの充実で平均原価率を下げる

**牛丼**

味噌汁(15%)、豚汁(20%)、しじみ汁(20%)、生卵(20%)と少なく利益を圧迫

**ハンバーガー**

ドリンクメニューの原価率が低いので利益を出しやすい

**回転寿司**

原価率の低い寿司メニューの充実で利益につなげる

### 経済豆知識

原価を抑えるため回転寿司チェーンでは、代用魚が使われます。マグロはガストロやアカマンボウ、エンガワはカラスガレイ、ブリはシルバーワレフ、サーモンはニジマス、カンパチはシイラなど。

## ② 清涼飲料水が1本10円で買える仕組み

コーラやジュースといった清涼飲料水は、ネット通販のまとめ買いなら、半額ぐらいの値段です。ただし、安いからといって、同種の飲料を大量買いするのは、出費も嵩《かさ》む上に置き場にも困ります。買わない選択もありますが、子供のいる家庭ではそうもいきません。そこで便利な格安購入法を覚えておくとおトクなのです。**世の中には、格安自販機というのがあり、近年その設置台数が増加傾向です。これを見つけておくとよいわけです。**

清涼飲料水に限らず、食品には必ず「賞味期限」や「消費期限」があります。スーパーなどでは、閉店時間が近づくと、惣菜食品は必ず割引価格になるものです。格安清涼飲料水の存在も、これと同じ原理がはたらいています。スーパーやコンビニなどは、在庫管理の都合上、賞味期限が半年を切った商品は仕入れてくれません。そこで格安自販機を専門に展開する格安ベンダー（販売会社）の登場となります。こうした業者は、賞味期限が半年を切った商品だけを対象に扱っています。

通常、メーカーは賞味期限が半年を切った在庫については、一般の自販機で１本１２０円〜１６０で販売される清涼飲料水でも、製造原価に限りなく近い20〜25円程度で見切り処分します。

格安自販機業者は、これを自社の自販機に組み込み、１００円、50円といった値付けで販売するのです。そして賞味期限が1カ月に迫ったら、１本10円といった仕入れ値以下の価格で見切り処分を行うわけです。こんな自販機をどう見つければよいのでしょうか。直接ベンダーに聞くか、**人通りの少ない場所やビルの1階フロアなど、一般の自販機では売上が見込めない場所を探すと、コアなファン向けに置かれているのを発見できます。**

## 存在感を増す格安自動販売機

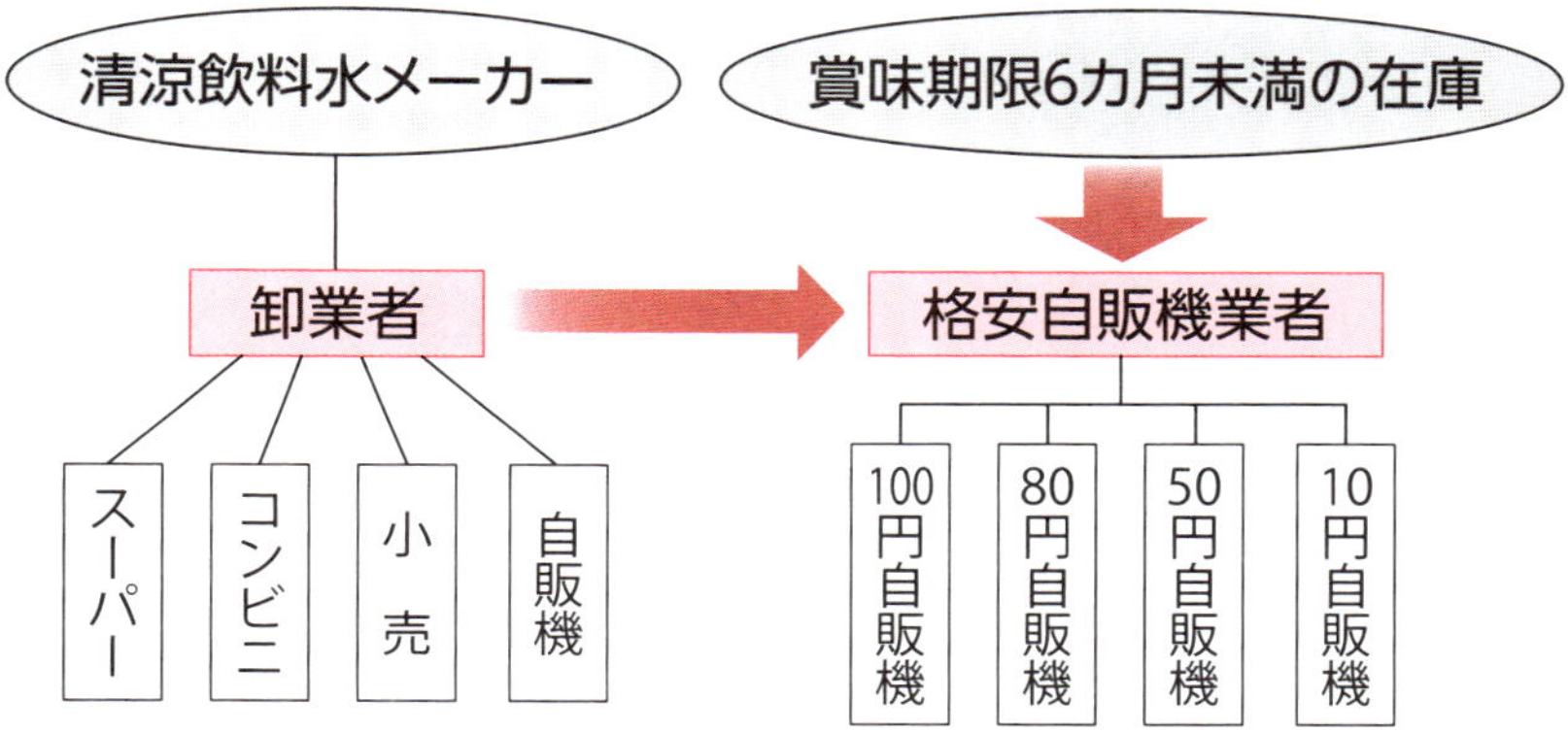


★通常自販機は電気代が月3000～5000円かかる。そのため場所を貸している人は１日20本以上売れないと赤字になりかねない（マージン率10%の場合）

★2017年末時点で全国に約244万台ある飲料自販機のうち、格安を謳う自販機は推定約３万台。120台に１台程度の割合で存在している

### 飲料水の原価構造は?

原材料費　2～4円

＋

容器代（Pボトル11円　缶10円）

→ 原価はなんと13～15円！

ネットなどでまとめ買いすると半額程度になる理由は飲料原価は安いから

### ひとくちメモ

清涼飲料水には大量の糖分が含まれます。ペットボトル500mℓの炭酸飲料には40～65gもの糖分です。これは角砂糖にして10～16個分に相当します。飲みすぎに注意しないと激太りします。

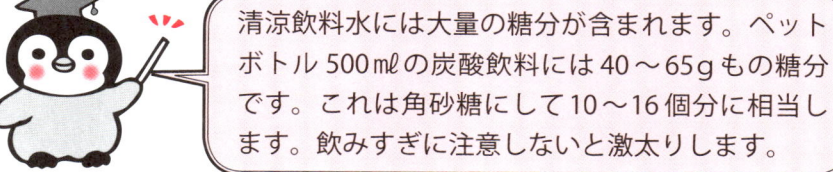

# 3 立ち食いそば店のそばはなぜ安いのか？

一般のそば店で、そばメニューを見ると1千円前後する品も珍しくないですが、なぜ、立ち食いそば店のメニューは300円〜400円台と一般のそば店の半額以下でリーズナブルなのでしょう。

これには、立ち食いそば業界の長年にわたる努力と工夫がありました。立ち食いそば店のそばは、そば粉が1〜2割で、8〜9割が小麦粉という場合も少なくないからです。稀《まれ》に100％小麦粉で、色だけそば風にしたものまであります。輸入物の小麦粉は安く（100g20円程度で99％が米国、カナダ、豪州産）、これを使ってそば風の色だけつけた、限りなくうどんに近いそばなのです。

そばを混ぜる場合でも、国産のそば粉は100g100円前後もしますから、輸入物の半額程度のそば粉を使って製麺しています（ほとんどが中国産）。しかし、こうでもしないと、とても300〜400円台程度では、そばは提供できません。

**推定される原価は、「かけそば」の場合で、麺が小麦粉100％の「そば」の場合は20円前後、そば粉40％なら40円前後、汁が20円前後、ねぎが3円前後で、1杯の原価は推定43円〜63円です。1杯300円で提供した場合なら、原価率は、14・3％〜21％ぐらいでしょう。**

トッピングにかき揚げ（原価40円）をのせて、400円前後で提供すると、推定原価は20・75％〜25・7％程度です。また、一般のおそば屋さんのどんぶりよりも、スープが少なくてすむように2〜3割底がすぼまった270㎖前後のどんぶりを使います。こうした努力と工夫で、そばの価格が安くても、駅前一等地に出店し回転率での勝負ができるのです。近年は茹《ゆ》で麺でなく、急速に茹で上がる生麺を使う店も登場しています。

## 立ち食いそば店の儲けのカラクリ

かき揚げそば
1杯400円

原価率　20.75～25.7%

＜原価の内訳＞

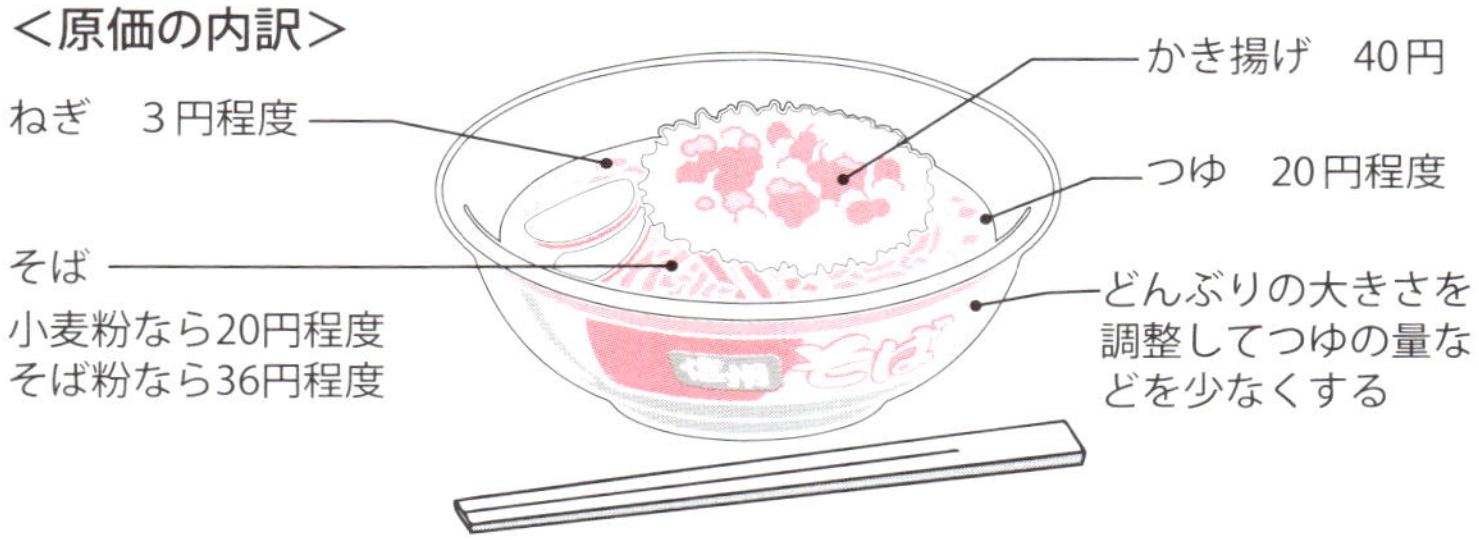

立ち食いそば店のそばは「茹で麺」が主流で、保存性の関係から一日に数回搬入する手間がかかっていた。最近は短時間で茹で上がる「生麺」が普及し始めている！

立ち食いそばは、その品質がよく美味しいにも関わらず、リーズナブルな価格で提供されているのには、企業努力他さまざまなカラクリがあるのです

### ひとくちメモ

そばが健康によい理由は、ルチンが含まれるからです。ポリフェノールの一種で、血圧を下げ、中性脂肪を抑制し、抗酸化作用によって肌をキレイに保ち、アンチエイジング効果があるからです。

# ④ 金券ショップの儲けはどうなっているのか

**金券ショップは古物商《こぶつしょう》です。古物商とは、中古品や新品を売買・交換する業者のことです。**盗品や偽造品が換金目的で持ち込まれるため、所轄署での法令講習を受け、公安委員会から許可を得た業者なのです。金券ショップは、リサイクル業者や古着屋といった古物商の中でも、最も粗利益の低い業態です。何しろ、額面の94％で買い取った金券を97～98％で販売するなど、たったの2～3％の差益しか見込めない商売だからです。

しかし、それでも1日の売上が100万円あれば、3％の粗利で3万円、売上が200万円あれば6万円になります。たとえ、1日3万円でも月に25日稼働すれば75万円、1日6万円なら150万円の月商です。ここから人件費と家賃を差し引いて黒字なら、立派に商売として成り立つわけです。近年はネット売買もありますが、このビジネスは駅前の人通りの多い繁華街に店がないと成り立ちません。一人当たりの客単価が1万円以下なので、薄利多売が必要だからです。

駅前の一等地に店を構える場合でも、金券ショップの商品は金券なので在庫もかさばらず、店舗スペースは1～3坪もあればよいので、半端な小スペースを借りれば家賃も抑えられます。

仕入れのメインはお客からの買い取りです。**欠品が多いと客足に響くため、新幹線チケットの在庫が少なければ、緑の窓口で自前で揃える場合もあります。**繁忙時間は、会社員の昼休み時間と夕方です。お客が殺到する中、つり銭を間違えたり、盗品や偽造品を買い取ったりしないよう身分証チェックなどには神経を使います。この業態は犯罪防止の意味合いから横の連携が密です。売れない金券もお互いに融通し合い処分しています。

## 金券ショップは品揃えが重要

月額：6250万円（日商250万円×25日）

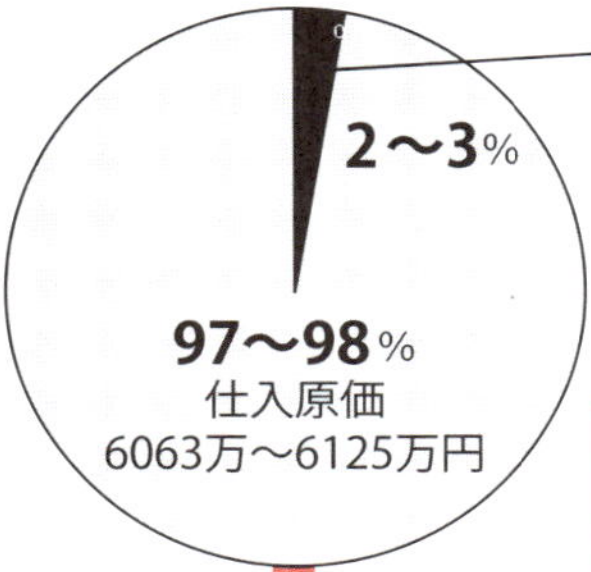


**粗利益は125〜187万円**

- 人件費　50万円
- 家　賃　30万円
- 諸経費　10万円
- 利　益　35〜97万円

**金券ショップ経営のツボ**

1・計算ミスをしない
2・盗品・偽造品に注意
3・豊富な品揃え

原価はいくら？

| 取扱商品 | 指定・東京・新大阪新幹線（のぞみ） | 全国百貨店共通商品券（100枚単位） | 82円切手（100枚シート） | 図書券（500円券） | 50%OFF株主優待券（航空券） | 吉野屋株主優待券 | 収入印紙 |
|---|---|---|---|---|---|---|---|
| 正規料金 | 14,450円（±200円） | 100,000円 | 8,200円 | 500円 | — | 3,000円担当 | 10,000円 |
| 買取価格 | 12,716円（88%） | 98,800円（98.8%） | 7,626円（93%） | 450円（90%） | 2,700円 | 2,600円（87%） | 9,800円（98%） |
| 販売価格 | 13,294円（92%） | 99,200円（99.2%） | 7,954円（97%） | 485円（97%） | 3,300円 | 2,700円（90%） | 9,900円（99%） |
| 金券ショップ粗利益 | 578円 | 400円 | 328円 | 35円 | 600円 | 100円 | 100円 |

粗利益率が非常に少ない
金券ショップですが売上が多ければ
それなりに利益がでます

**経済豆知識**

海外旅行に行く時、日本円をドルやユーロなどの外貨に両替する場合、金券ショップが銀行や空港での両替よりもレートが有利です。帰国時には外国硬貨を円に両替する店もあるので重宝します。

## 5 顧客が百人以上必要なクリーニング取次業

個人経営で洗濯からアイロン仕上げまで行うクリーニング店は数少なくなりました。今では大手クリーニング会社の取次ぎを行うクリーニング店が主流です。**個人経営では、単価の下がる業界で多工程、大量作業がこなせず、生き残れなくなったためです。**市場自体は1992年のピーク時の8170億円以降、15年には3090億円規模まで縮小しました。家庭のクリーニング代もピーク時の年間2万円から5600円程度まで減少しました。服装のカジュアル化、形状記憶シャツ、高機能洗濯機、スチームアイロンの普及などがクリーニング需要を奪いました。クリーニング取次業はフランチャイジーです。大手クリーニング会社が、契約した取次店から洗濯物を集荷して工場でスピーディーに仕上げて取次店に戻す方式です。

クリーニング取次業はどれぐらい儲かるのでしょうか。立地を間違えるとたちまち淘汰《とうた》されるという厳しい業態です。すなわち、駅近の人通りの多い場所で、通勤や買い物のついでに立ち寄れる利便性が重要なのでした。客単価が、平均1000円程度のため、1日50人の客数だと日商5万円で、月25日稼働で売上は月間125万円になります。しかし、この売上では取次店の手数料収入が25%しかないため、実収入は31万円にしかならず、人件費や家賃といった諸経費を引くと赤字になり、とてもやっていけないのです。

1日100人の客数だと日商10万円で月間売上は250万円になり、手数料収入が62万5000円なので、これなら家賃さえ抑えられれば、諸経費を差し引いても何とかやっていけそうです。

**クリーニング取次店は金券ショップ同様、客単価が低く100人以上の客数を必要としています。**

## 1日100人の客が必要

### クリーニング取次店の収益のしくみ

**客が1日50人の場合**

○客単価1000円×50人＝5万円（日商）
○5万円（日商）×25日＝125万円（月商）

**客が1日100人の場合**

○客単価1000円×100人＝10万円（日商）
○10万円（日商）×25日＝250万円（月商）

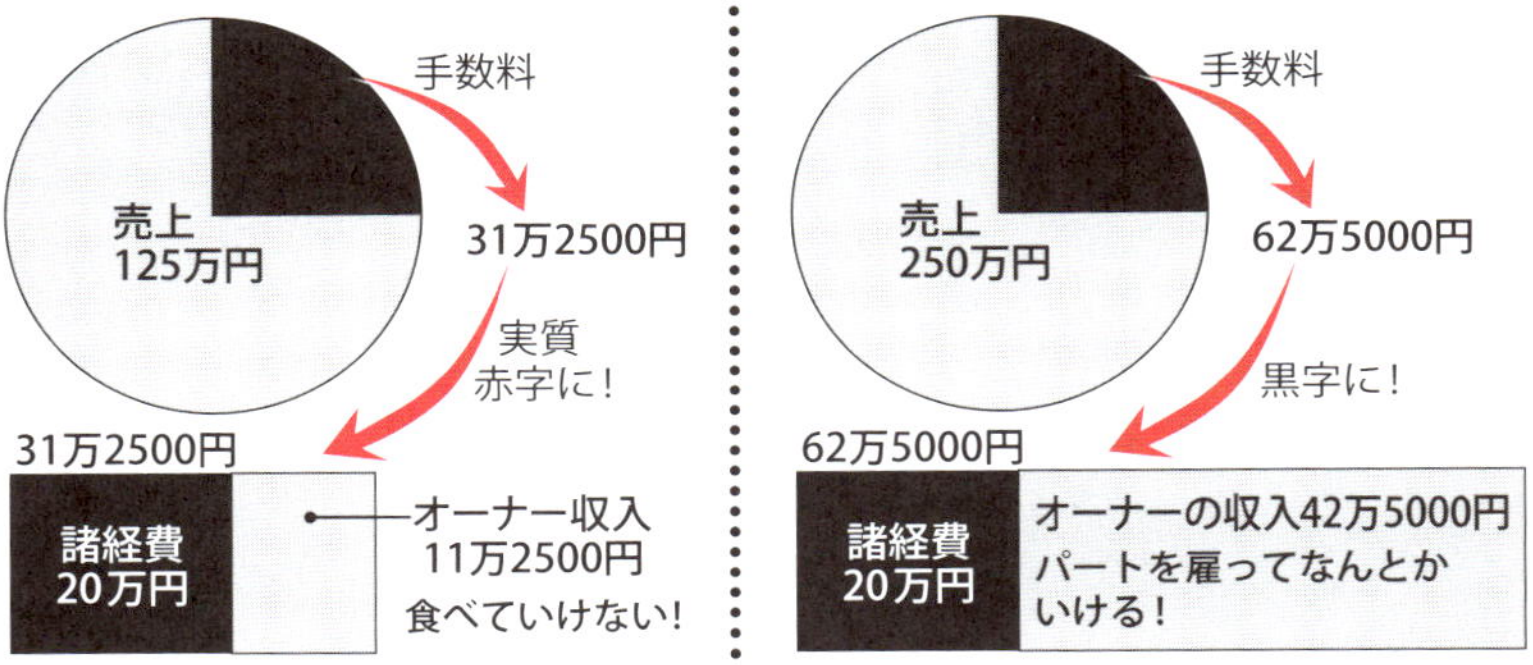


## クリーニング施設の推移

ネット取次が増えている！

| 年　度 | 一般施設 | 取次所 | 特定施設 | 無店舗取次店 | 合　計 |
|---|---|---|---|---|---|
| 2016 | 24,336 | 69,929 | 3,511 | 1,933 | 99,709 |
| 2010 | 31,940 | 90,825 | 3,390 | 770 | 126,925 |
| 2005 | 39,638 | 105,134 | 2,360 | 263 | 147,395 |
| 2000 | 44,617 | 115,752 | 1,978 | — | 162,347 |
| 1997 | 47,218 | 115,010 | 1,997 | — | 164,225 |
| 1995 | 48,227 | 111,907 | 1,727 | — | 161,861 |
| 1990 | 51,621 | 101,385 | 1,856 | — | 154,862 |
| 1985 | 54,459 | 83,284 | 1,599 | — | 139,342 |
| 1980 | 58,546 | 58,811 | 1,611 | — | 118,968 |

ピーク！

### 経済豆知識

クリーニング店が減る一方で、店舗数が増えているのがコインランドリー店です。1997年に１万店舗強だったのが、2018年時点では２万店舗程度と倍増です。共働き世帯増加の影響だそうです。

# ⑥ 市場規模が膨らんでも利幅縮小の葬儀業界

2017年の死亡者数は134万人。出生数は94万人なので、人口の自然減は約40万人です。死亡者数は今後年々増え続け、人口減少に拍車をかけます。当然ながら、死亡者数が増えれば、葬儀件数も伸び、葬祭業者は儲かるはずでした。

しかし、死亡者の高齢化（葬儀需要減少）とデフレの深化により、**葬儀一件当たりの単価は減少しています。市場規模は年々増えて昨年2兆円を超えたと推計されますが、葬儀の平均単価は、2006年頃の200万円強から、現在は130万円程度に縮小しています。**この業界は、花輪、祭壇、鯨幕《くじらまく》、受付セット、霊柩車、各種飾り具などは、劣化しても修復して何度も使い回しが利きます。そのうえ、仕上がった祭壇が見劣りすると、遺族の虚栄心が刺激され、追加費用で単価を吊り上げるなどオイシイ商売もできました。実際、営業利益率が非常に高い業界なのです。

150万円の葬儀代の原価内訳を見ると、棺桶は安い合板製（7千円）、火葬が都内なら実費5万円（地方だと1万円程度）、ドライアイスが2～3千円、霊柩車のガソリン代1千円、飾り具が2千円、仏衣が8百円、骨箱5百円、花輪は8百円の使い回しで、原価率は10％以内に楽々収まるのです。この他に、場合によっては遺体を斡旋してくれた病院への謝礼の20～30万円を加えても（あくまでも一部の病院の例です）、粗利は7割近くありました。社員の給与水準も高く、かつては600万円台だったのに年々減少しています。

つまり、最近は様相も一変したのです。**葬儀規模は縮小し、社葬など大規模葬儀がないと儲けが薄いのです。**家族葬では激安20万円セットまで登場しました。

## 葬祭業者のビジネスモデルは変化している

### 従来型葬儀

価格**150**万円前後

- 10%以内
- 粗利益 60～70%
- 10%～20%以内

★原価（4万5000～6万円）
- 棺桶　7000～2万円（材料のほとんどが合板）
- 火葬料　1万円（大都市は5～7万円）
- 霊柩車　1000円以内（ガソリン代）
- ドライアイス　2000～3000円
- 飾り具　2000円～
- 仏衣　800円～
- 骨壺 骨箱 500円～
- 花輪　500～800円（使い回し）
- 花束（生）　5000～1万5000円

★諸経費＋利益
人件費、店舗・倉庫家賃、運営・営業費、減価償却などを除いて全体の20～35%前後の利益が見込める

★通夜・告別式料理
人数によるが仕入原価は1200円～40人なら4万8000円程度の原価

★病院などへの謝礼
10～30万円

### 格安葬儀

価格**20**万円前後

- 10～15%
- 70～80%
- 20%以内

★格安葬儀手配業者の手数料収入

★葬儀社収入
全国の提携葬儀社は格安料金でも安定した葬儀数が見込める

★原価（3万5000～4万円）
全体の20%以内で実施葬儀社の費用になる.

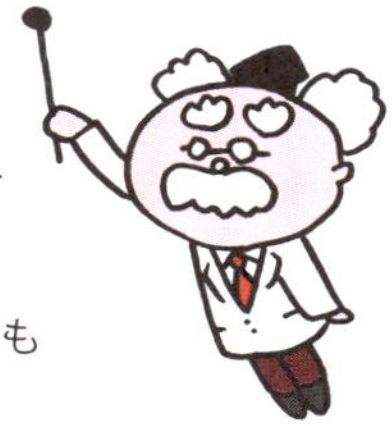

## 経済豆知識

葬儀業界は分業で成り立ちます。湯灌《ゆかん》（遺体洗浄）、納棺、生け花祭壇、香典返しギフト、仕出し、仏壇仏具、墓石、墓地など関連業界も幅広いのです。大手になるほど自社で多くを取り扱います。

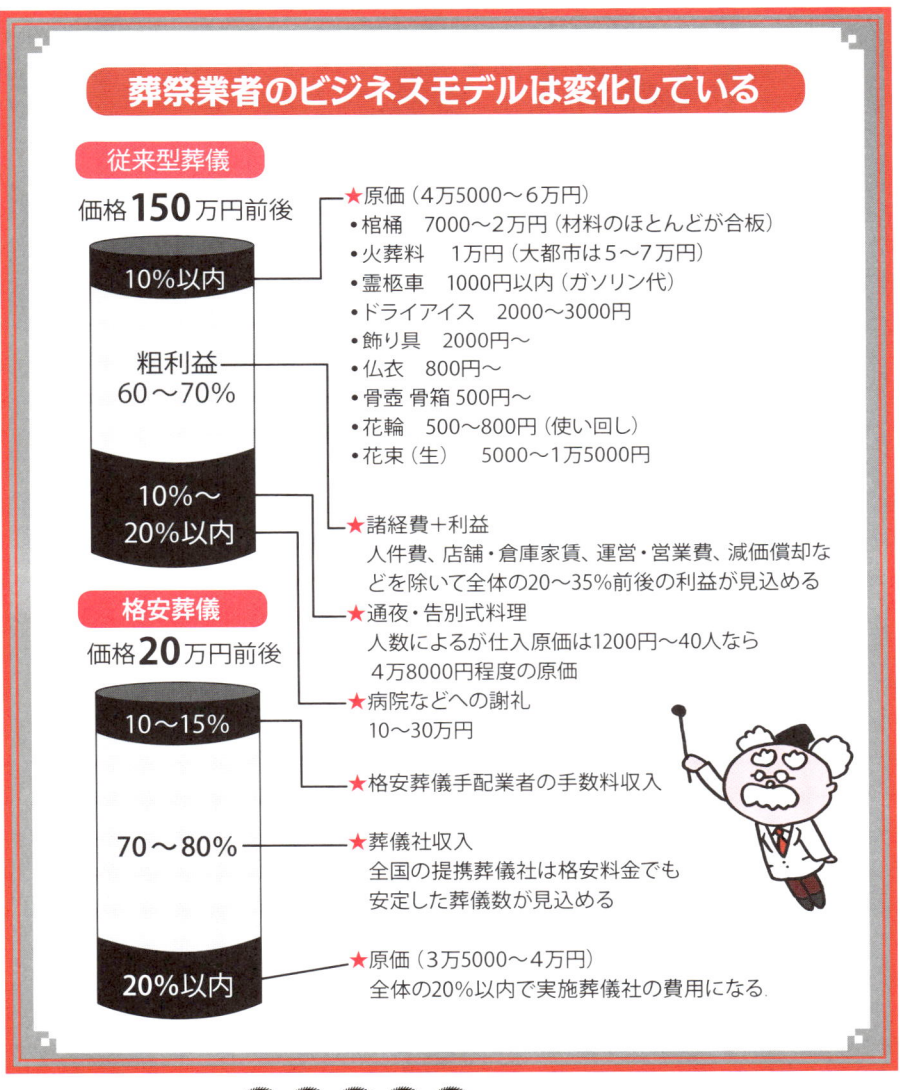

# 7 携帯電話料金はなぜ高すぎるのか

サラリーマン家庭で、大手キャリアのスマホを家族全員で使っていたら、大変な出費です。安くても1人7千円〜1万円近いので、3人家族なら合計2〜3万円。年間にしたら24万〜36万円です。ガラケーなら抑えられた費用が、スマホ時代は一段と高くなっているのです。

スマホの登場以来、大手キャリアは好業績を上げ続けています。2017年度決算を見てみましょう。

**ソフトバンクの売上は9兆1587億円で営業利益は1兆3038億円、NTTドコモは同4兆7694億円で同9733億円、KDDIは同5兆4193億円で同9627億円でした。**

いずれも営業利益率は2桁で、ソフトバンクが14%、NTTドコモが20%、KDDIが19%と荒稼ぎ状態です。日本を代表する企業のトヨタでさえ、8%の営業利益率なのに、公共の電波を独占的に割り当てられている企業が、回線維持に莫大な費用を負担してきたとはいえ、儲けすぎでしょう。

さすがにマズイと感じた総務省が、大手キャリアの実質ゼロ円のスマホ販売を禁じたり、2年縛りの是正を行政指導しました。また、格安スマホを提供するMVNO（仮想移動体通信業者）の成長を後押しして、すでに700近い業者も生まれています。格安スマホなら、大手キャリアの半額以下ですが、近年は大手キャリアの顧客流出防止策が効いて普及も伸び悩んでいます。

大手の各種サービス付加料金も効いているからです。最近では安倍政権の官房長官もスマホ料金が高すぎると大手キャリアの寡占状態に苦言を呈しました。しかし、民間企業の価格だけに簡単には下がらない現状が続いています。

## 携帯会社のシェア（2018年6月時点）

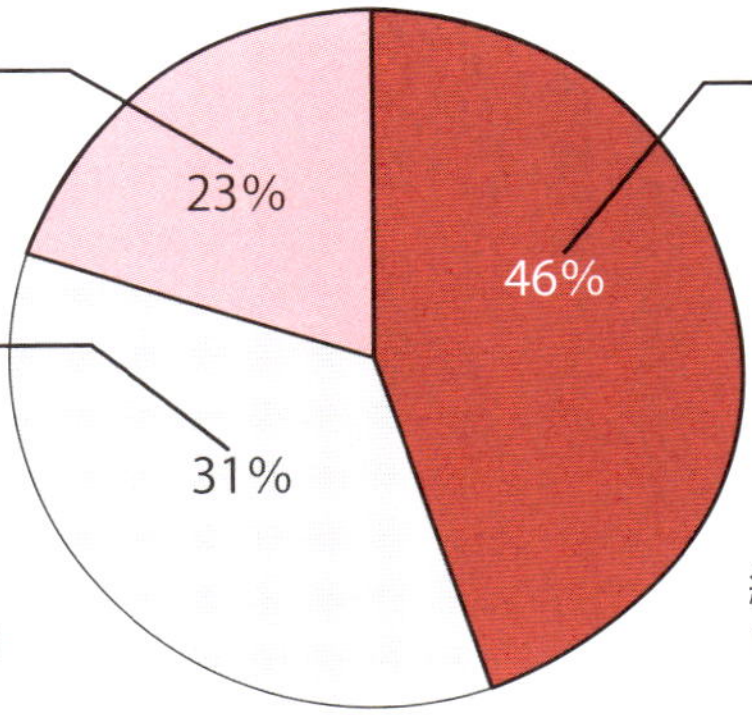

### キャリア別 前年比契約純増数の推移

| キャリア | 2013 | 2014 | 2015 | 2016 | 2017 |
|---|---|---|---|---|---|
| NTTドコモ | 1,193,500 | 3,092,400 | 4,327,600 | 3,986,300 | 2,090,400 |
| KDDI（au） | 2,799,700 | 2,761,300 | 2,862,700 | 2,588,500 | 2,808,800 |
| ソフトバンク | 3,437,500 | 2,641,900 | 2,175,500 | ▲288,200 | 216,600 |

（一般社団法人 電気通信事業者協会のデータより）

大手３社以外の新規参入業者の登場で、高騰している携帯代に風穴を空けることができるかどうか期待したいところです

### 経済豆知識

2018年９月の総務省の発表で、日、米、英、仏、独、韓国の中で日本のスマホが月額7562円で一番高く、2位のアメリカの5990円を上回りました。最安だったフランスの３倍です。

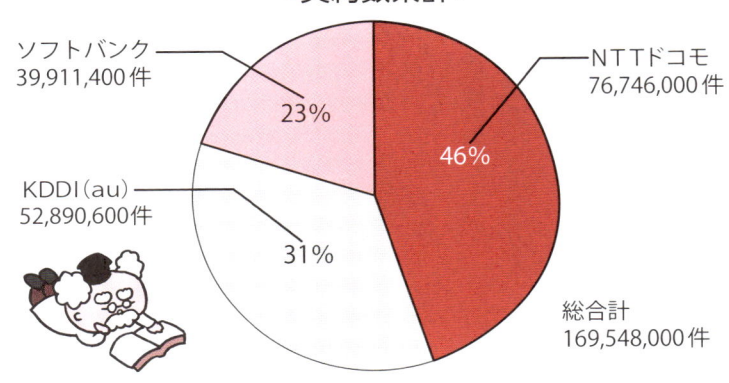

# ⑧「立ち飲み屋」はどうやって儲けているのか

近年、飲み屋街で一番元気がよい居酒屋といえば、「立ち飲み屋」です。立ち飲み屋がサラリーマンに人気なのは、もちろん価格の安さです。それに、「ちょっと一杯引っかけて」という時、立ち飲みゆえに短時間で切り上げられるメリットも魅力でしょう。

**驚いたことに、調べてみると、「激安」と謳う立ち飲み居酒屋の中には、全品百円という衝撃価格の店まで存在するのでした。**

ところで一般的な立ち飲み屋のメニューといえば、安くてもビールは中ジョッキ280円、グラスワイン200円、酎ハイ190円、日本酒250円ぐらいです。つまみは、焼き鳥一本100円、枝豆180円、厚揚げ180円、マグロの刺身250円、ポテサラ180円、唐揚げ250円、野菜天ぷら250円といった具合に、大体100円台から200円台までで、300円を切る価格帯です。一般の居酒屋と比べると、かなり安いのです。立ち飲み店の平均客単価は1500円以内に収まり、滞在時間が男性1時間、女性1時間半というのも納得がいきます。

しかし、メニューはスーパーの惣菜より安い価格のものもあり、これでどうやって儲けが出せるのか不思議でしょう。

**実は百円ショップと同じ粗利ミックス戦略です。**粗利益率の異なる商品を並べ、全体の売上に対して平均での原価率を飲食店の定石とされる30%以内に収めているのです。

アルコール原価が最も高いのはビールで中ジョッキ一杯が200円前後ですが、グラスワインは80円、酎ハイ20~40円、カクテル50円、焼酎30円程度とビール以外は原価が低いのです。

## ドリンクメニューの原価

生ビール・中ジョッキ

280円
（原価200円）
原価率71%

グラスワイン

200円
（原価80円）
原価率40%

酎ハイ

190円
（原価20〜40円）
原価率10〜21%

日本酒

250円
（原価90円）
原価率36%

## つまみメニューの原価

厚揚げ

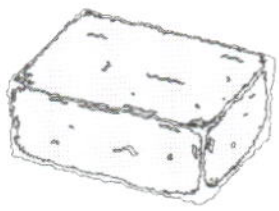

180円
（原価40円）
原価率22%

焼き鳥１本

100円
（原価10〜35円）
原価率10〜35%

マグロ刺身

250円
（原価160円）
原価率64%

ポテトサラダ

180円
（原価70円）
原価率38%

唐揚げ

250円
（原価50円）
原価率20%

野菜天ぷら

250円
（原価100円）
原価率40%

枝豆

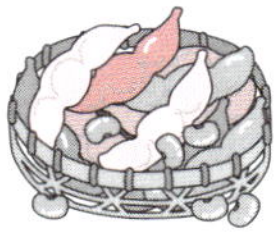

180円
（原価50円）
原価率27%

★トータルで原価率を 30%以下にするのが要締！

### ひとくちメモ

立ち飲み居酒屋は、別名「せんべろ」の店とも呼ばれます。「千円でつまみと酒を注文してべろべろに酔える店」という意味合いです。せんべろ紹介の各種サイトを覗くと、面白い店がありますよ。

# 9 紳士服2着目千円セールは店側メリット大

格安紳士服チェーンに行くと、1着2万円台、3万円台、4万円台などと、価格段階別表示でスーツをズラリと陳列しています。こんな並べ方をすると、もちろん一番売れるのは真ん中の3万円台です。お寿司屋さんの握りメニューで「松2000円・竹1500円・梅1000円」という提示があると、つい真ん中を選ぶ中庸《ちゅうよう》の原理がはたらくのと同じです。**一番売りたい商品には、上下にも価格帯を設ければよいわけです。**

**こんな売り方の他にも、「抱き合わせトリック」という効果的な販売方法もおなじみです。**

1着3万円台のスーツを購入し、2着目も購入するなら、2着目は1000円という商法です。

ふつうに考えれば、3万円台のスーツを2着買えば6万円ですが、2着で3万1000円なら、1着平均が半額近い価格になって激安です。

2着で3万1000円なら、1着当たり1万5500円です。お客は2着買わないと損なので、多くの人は2着買っていくはずです。この販売方法は欺瞞《ぎまん》的ながら、お客に安さをアピールする上で効果的です。スーツをはじめから、1着1万5500円の激安価格などと表示して販売すると利益率が圧迫されるからです。スーツの仕入れ値が5000円だとすると、1着1万5500円で売った場合は粗利が1万500円にしかなりません。しかし、2着で3万1000円で売るなら、粗利は2万1000円になります。スーツの販売は、カジュアル衣料と異なり、「接客」が不可欠な商売です。スーツは接客して柄や生地を選ばせ、1着売るにも採寸などの手間がかかります。

粗利が少ないと販売効率が悪く、2着まとめ売りすれば、店側のほうこそメリット大になります。

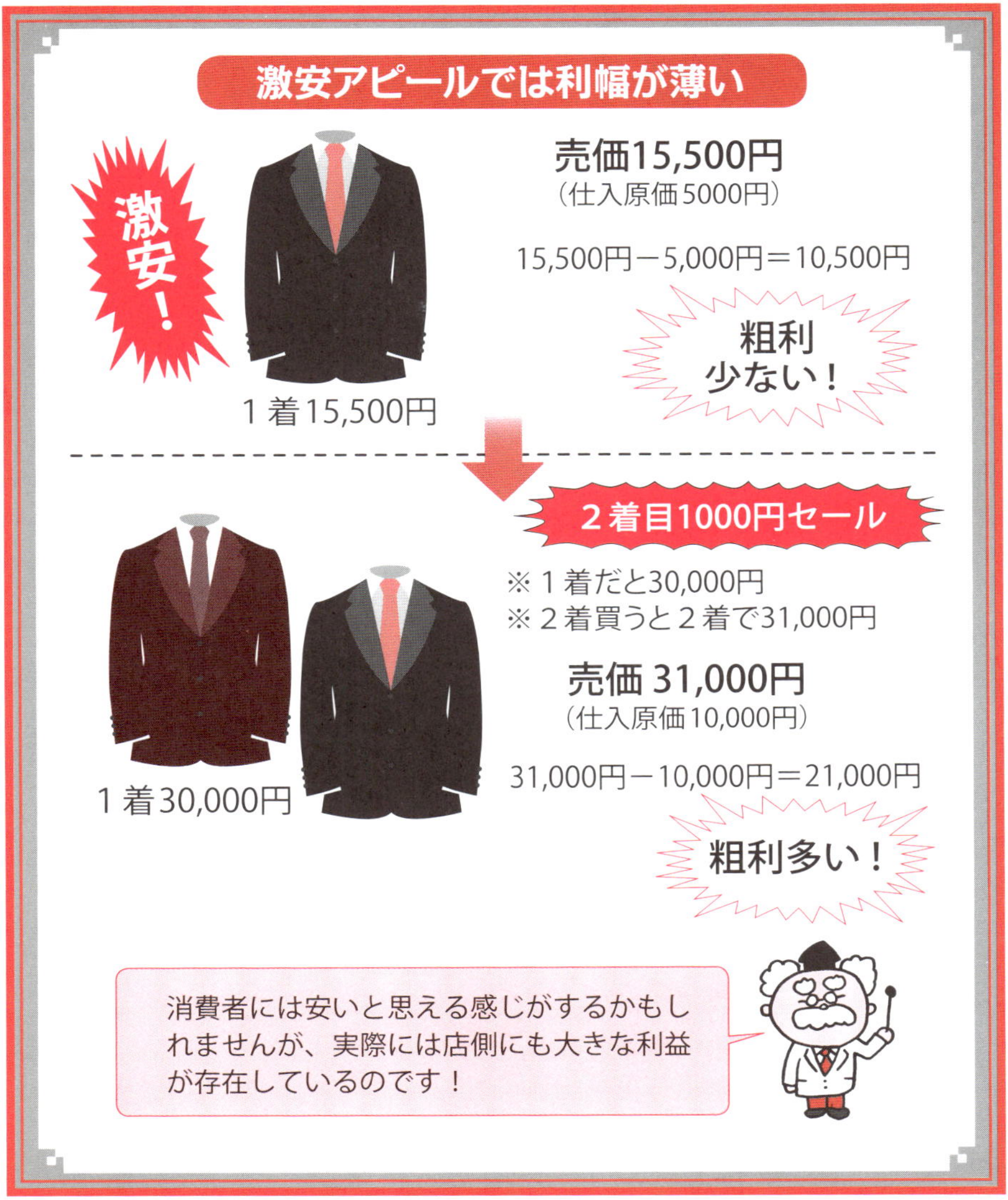


## 経済豆知識

紳士服業界は縮小を続けていますが、大手4社は多角化に舵を切り、「脱スーツ戦略」を模索しています。しかし、カラオケ業も結婚式場も複合カフェ業もいずれの業績も頭打ちで苦戦が続きます。

# 10 格安航空利用のメリット・デメリット

近年、航空券は非常に安くなり、LCC（ローコストキャリア）の存在感も増しました。**LCCは、徹底したコスト削減で既存の航空会社の半額から3分の1の価格です。**航空機材は燃費がよく、収容力が高く中距離向きのエアバス320かボーイング737で統一し、費用のかかる搭乗橋を使わず機体も横付けしません。機長やCAの給与も抑え、スタッフはマルチタスクで掃除も行います。WEB予約で窓口も縮小しコスト削減を徹底しています。格安航空会社は、ジェットスター、ピーチアビエーション、バニラエア、春秋航空日本（スプリングジャパン）、エアアジア、スクートなどです。ところで、LCCの航空券は安いものの、座席は狭く、預け荷物に料金がかかり、機内飲食や毛布も有料、映画やゲーム用のエンタメ設備もなく、予約の変更やキャンセルが事実上不可能、発着の遅延が多いというデメリットも少なくありません。そのため、国内線での1～2時間の移動なら我慢できても、LCCで3時間以上かかる海外に行くのはとても苦痛になるのです。そこで覚えておきたい裏技が、LCCでない既存の航空会社の格安航空券の利用法なのです。**正月やGWは航空券価格が跳ね上がるものの、実は2月、10月、11月の閑散期の予約は激安になっているのです。**

たとえば通常、成田～ローマ間の往復では10万円以上、繁忙期なら15万円以上は当たり前です。しかし、この閑散期を早めに予約すれば、既存の航空会社のチケットでも、5万円以下でゲットできます。**難点は乗り継ぎ待ちに時間がかかる点だけです。**工夫すれば成田～パリの往復航空券でも、9月で5万円、10月で4万円、11月でも3万円程度の激安価格で確保できるのです。

## 航空事業でのLCCビジネスモデル

1席を1000km（約1時間）飛ばすコスト

| 燃料代 | 機材代 | 空港費 | 人件費 | 販売費 |
|---|---|---|---|---|

← 既存LC 約6500円

LCCコスト ← LCC 約3000円

半分以下に圧縮できるかがカギ！

※LC（Legacy《レガシー》 Carria《キャリア》）＝従来の航空会社。FSA（フルサービスエアライン）と呼ぶことも

## 地域別LCCのシェア（2017年時点）

| | 北米 | EU | 東南アジア | 北東アジア |
|---|---|---|---|---|
| 国際線 | 32% | 48% | 53% | 14% |
| 国内線 | 13% | 16% | 28% | 10% |

閑散期の事前予約は既存航空会社（FSA）のチケットが激安になる！
＜2月・10月・11月が狙い目＞

**成田⟷ローマ**

- 繁忙期　15万円以上
- 閑散期　5万円以下

**成田⟷パリ**

- 繁忙期　15万円以上
- 閑散期　3～5万円以下

### 経済豆知識

日本航空のエコノミー席と格安航空のエアアジアの席を比べるとＪＡＬのシートピッチ（前後幅）はエアアジアより5㎝長く86㎝。シート幅はＪＡＬが6㎝長く47㎝です。

## 人に話したくなる経済のカラクリ②

# ラーメン店のスープは業務用インスタントがすごく多い現実！

「あの店の豚骨ラーメンは濃厚でうまい」「ここの醤油ラーメンは店主のこだわりがあって一番だ」などと、ラーメンのウンチクでは盛り上がります。

しかし、実際にスープを自店で自家製したり、麺を自家製するのは、ごくごく少数派です。自家製スープや自家製麺を用いると時間や労力のコストが大だからです。一杯千円以下で提供しなければ、お客さんだって来てくれません。

**スープ作りに時間や労力はかけられないのです。飲食店経営では、原材料費は30%以下に抑える――のが基本中の基本です。そうでなければ、人件費や家賃、水道光熱費などを賄《まかな》えず、赤字になるからです。**稀に原材料費に3割以上かける店もありますが、それはお客が回転する繁盛店になってから、味を向上させるため原材料費を上げた結果です。開店当初から原材料費が30%を超えていたら商売にならないからです。一杯７００円のラーメンなら原材料費は２１０円以下に抑え、一杯千円なら３３０円以下に抑えるのが業界の常識です。

とりわけ、スープの中でも、九州系の豚骨スープを作るのは大変手間がかかります。鶏ガラや煮干しベースの醤油系や味噌系のスープを作るのに対して、時間

スープを自前で作るのは手間がかかりすぎるよ。だから業務用スープに頼るわけ！

も手間も2倍以上かかります。豚の関節部位のゲンコツと呼ばれる塊《かたまり》を砕き、下茹《したゆ》でしたのちに水を捨て、血抜きして髄《ずい》が出やすいように処理して、数時間かけて焦げ付かないよう混ぜながら煮込むのですから、匂いも強烈で厨房《ちゅうぼう》だけでなく店内にも漂います。

そんな独特の異臭が漂えば、近隣店舗からさえ苦情も来かねません。業務用のスープや麺は、近年ものすごく味も改良され、上質のものになっていますが、化学調味料もてんこ盛りです。こうしたインスタントスープや麺を使って、そこにひと手間、独自材料を加えたものが多くのラーメン店の実情なのです。

狭い厨房に大きな寸胴鍋が一つか二つしかなく、メニューが豚骨、醤油、味噌など多彩で、店内に独特の匂いもしない、飲み干した後のどんぶりに、骨髄の細かいカス粒がないなどは、仕込みに時間をかけない業務用スープ利用のラーメン店なのです。

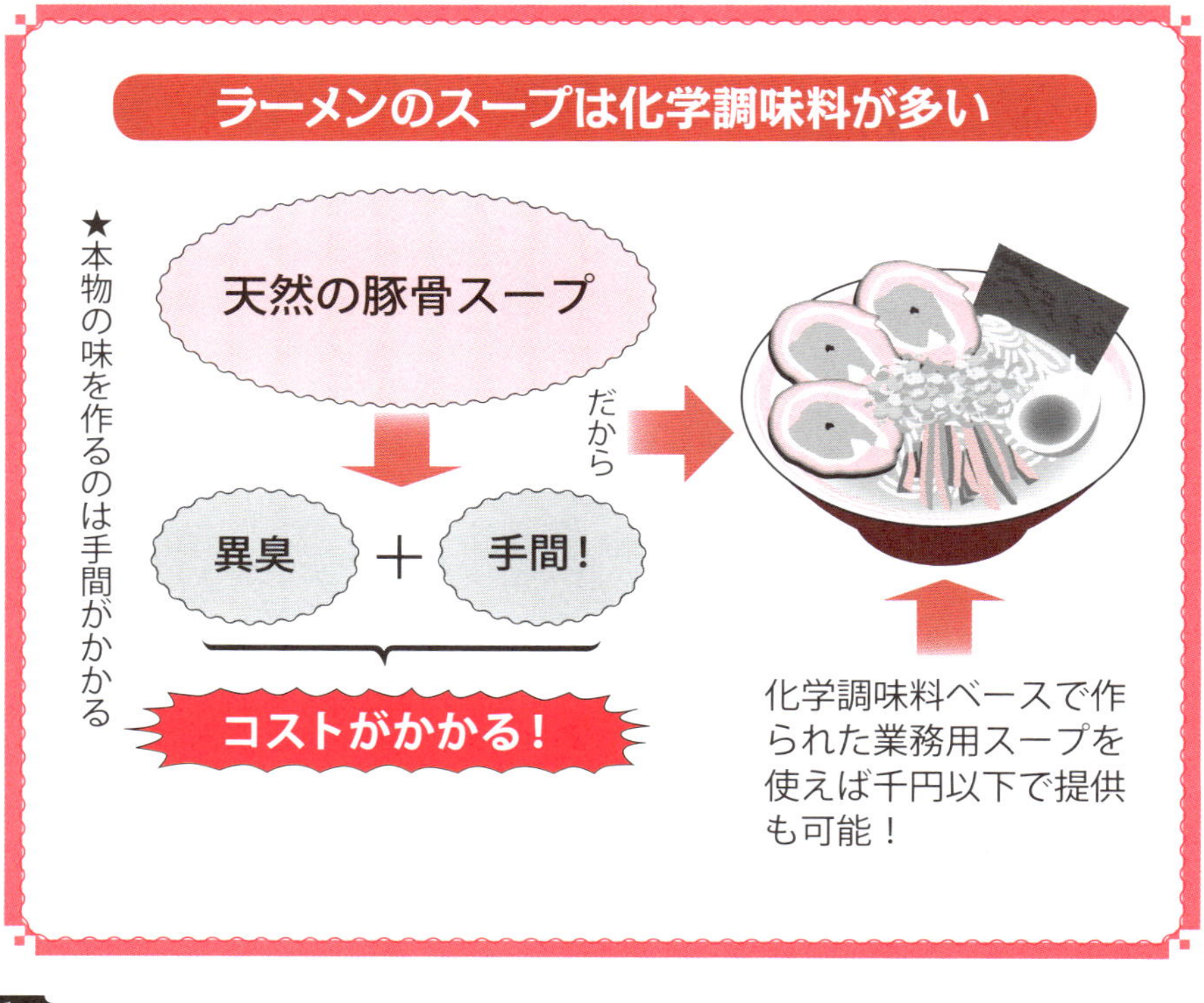
ラーメンのスープは化学調味料が多い
★本物の味を作るのは手間がかかる
天然の豚骨スープ
異臭
＋
手間！
コストがかかる！
だから
化学調味料ベースで作られた業務用スープを使えば千円以下で提供も可能！

## Column ②

# 食べ放題・飲み放題の店の利益はどう出すのか?

「食べ放題」「飲み放題」という惹句《じゃっく》は魅力的です。

90 分、120 分と時間制でも、好きなモノを好きなだけ選べるビュッフェやバイキングは人気があります。旅行会社の国内ツアーでも、「海鮮＆３種のカニ食べ放題」は定番ですし、街では「焼肉食べ放題」「寿司食べ放題」「スイーツ食べ放題」「惣菜食べ放題」「しゃぶしゃぶ食べ放題」といった限定メニューの食べ放題から、全品メニューが「食べ放題・飲み放題」の店も多く見かけます。とりわけ著者のおすすめはシティホテルのランチビュッフェです。顧客誘引効果もかねているため、高級食材も惜しみなく使われ、一流シェフの味付けも存分に味わえるからです。ところで、こうした店は、どうやって利益を出しているのでしょう。既に紹介した食材原価の違うものを粗利ミックスで混ぜ合わせ、原価の平均値を下げています。そのうえ、大量発注で原価を抑え、お客が自ら料理を取りに行くのでホールスタッフの人件費も節約できるわけです。

第3部

生活

# 日常生活に密着している経済の仕組み

# ① 60歳からの「年金空白5年間」への備え

**これまで老齢厚生年金は60歳から支給されました。ところが、制度改正で男性は昭和36年4月2日以降、女性は昭和41年4月2日以降生まれの人は、年金支給が65歳からとなり、60歳から65歳までの5年間まったく年金が出なくなります。**

２０１８年時点でいえば、57歳以下の男性、52歳以下の女性に該当します。政府は定年延長の法改正を行い、65歳定年への移行を促し、２０２５年からは65歳定年が義務化されます。年金の支給開始年齢の繰り延べに合わせ、こうした定年延長が開始されたのです。将来、支給開始年齢が、さらに70歳や75歳へ引き上げられれば、これにともなって定年も延長されるはずです。

１９６０年当時の日本人男性の平均寿命は65・32歳、女性は70・19歳でしたが、２０１７年には男性81・09歳、女性87・26歳に延びました。

１９６０年当時は55歳定年で、60歳から年金を受給し始めても、受給期間は短かったのです。しかし、寿命が延びたため、事情が変わりました。２０１７年の家計調査では、無職の60歳以上高齢者の単身者と夫婦２人世帯の家計収支は、単身者で15万４７４２円の支出、夫婦２人世帯では26万３７１７円の支出なのに、いずれも毎月４～５万円の赤字が出ています。預貯金の取り崩しで埋めていますが、長生きすれば預貯金も底を尽きます。**現在赤字の老後家計でも、収入の多くが公的年金で、これが支給されないなら、60歳以降も収入確保が絶対必要になるわけです。**

定年が延長されても給与は減額されます。しかしそれでもなお、少しでも節約に励み貯蓄に回さないと「長生き」が「生き地獄」に直結する時代になったのです。

## 年金65歳支給への移行イメージ

| | 60 | 61 | 62 | 63 | 64 | 65（年齢） |
|---|---|---|---|---|---|---|
| 1949年4月2日～1953年4月1日（1954年4月2日～1958年4月1日） | 特別支給の老齢厚生年金（報酬比例部分） | | | | | 老齢厚生年金 老齢基礎年金 |
| 1953年4月2日～1955年4月1日（1958年4月2日～1960年4月1日） | | （報酬比例部分） | | | | 老齢厚生年金 老齢基礎年金 |
| 1955年4月2日～1957年4月1日（1960年4月2日～1962年4月1日） | | | （報酬比例部分） | | | 老齢厚生年金 老齢基礎年金 |
| 1957年4月2日～1959年4月1日（1962年4月2日～1964年4月1日） | | | | （報酬比例部分） | | 老齢厚生年金 老齢基礎年金 |
| 1959年4月2日～1961年4月1日（1964年4月2日～1966年4月1日） | | | | | （報酬比例部分） | 老齢厚生年金 老齢基礎年金 |
| 1961年4月2日以降（1966年4月2日以降） | | | | （報酬比例部分はなし） | | 老齢厚生年金 老齢基礎年金 |

※（ ）内は女性です

**日本の人口予測** 2014年 1億2691万人 → 2060年 8674万人

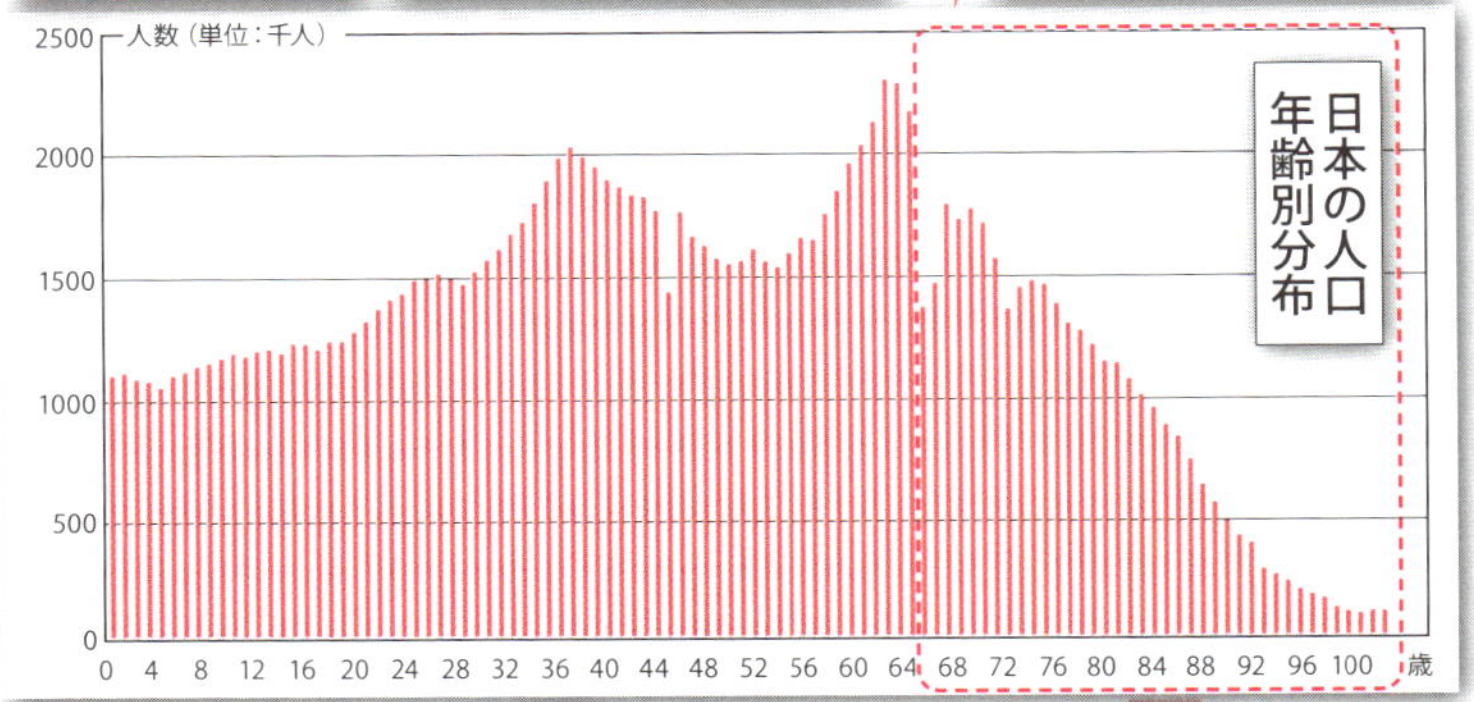


（厚生労働省の資料をもとに作成）

1970年＝7.1%
1995年＝14.5%
2007年＝21.5%
増加
全人口に対する65歳以上の割合

### 経済豆知識

夫より年齢の若い妻がいると、夫が65歳になってからもらえる年金に対して、「加給年金」が毎月3万円程度プラスされる制度があります。該当するかどうか条件をチェックしておきましょう。

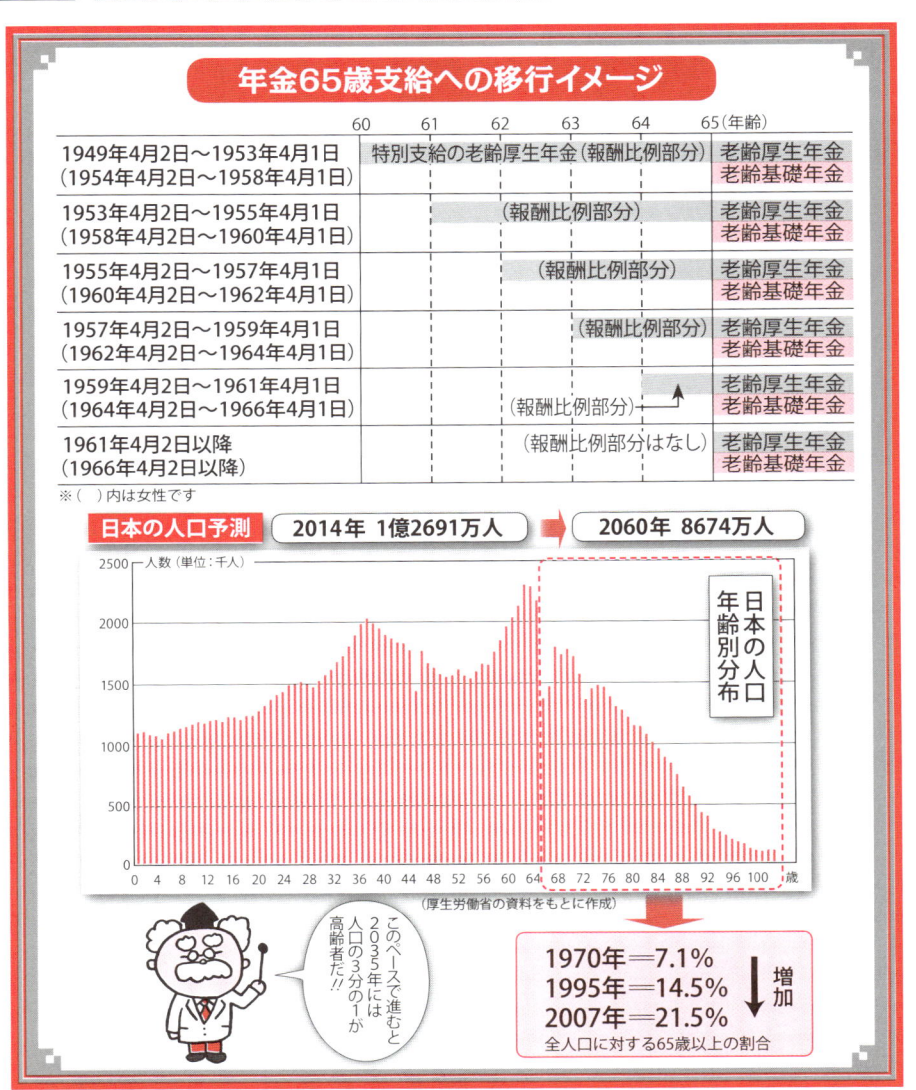

# ② マイホームの所有と賃貸・どちらが有利か？

一般的なマイホーム購入のメリットは、ローン完済後は自分の家になることでした。ただし、今後の人口減少時代は住宅が余ってくることが確実です。ゆえにこれまでのメリットが、必ずしもメリットのままとはいえません。**需要と供給の関係で不動産の価格も決まります。**需要が減る時代に、長期の住宅ローンで不動産を購入すると、物件価格が下がった分、将来の損失も大きくなります。

かつての高度経済成長期には、土地神話があり、住宅が劣化して減価する分を、土地の値上がりがカバーしてくれたので、借金をしてでも早めのマイホーム購入が結果的にはトクでした。将来値上がりしそうなら、借金で購入するのもアリでしょう。しかし、将来値下がりし損が確実なのに、長期にわたって住宅ローンを返済し続ける選択肢は、経済合理性に適《かな》っていません。もちろん、人は合理的に行動しないものです。老後に住むところがあれば安心という人は、マイホームを購入するのもアリでしょう。それで安心が手に入るからです。

しかし、著者は現役時には賃貸物件に住むことをお勧めします。家族構成や経済力に応じての住み替えも容易だからです。しかるべき老後を迎えてから、今以上に安くなった賃貸物件か、価格の下がった住宅を購入するなり、選択すればよいのです。**人口減少がすすむほどに、地価はほとんどの地域で値下がり確実でしょう。値下がりしない地域というのは、大都市中心部のごく一握りの地域と考えられます。**住宅ローンに30年も35年も縛られ、ローン完済時には家もボロボロです。

売るにしても、買った時より大幅に値下がりしています。値が下がるものにお金を投ずるより、貯蓄と投資で資産形成を図るほうが大事でしょう。

## マイホーム購入は大損する！

### 新築マンション

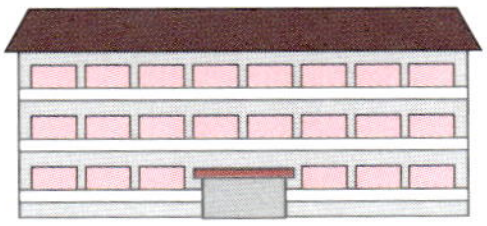

＜3DK75㎡　4200万円（諸経費込み）＞
- 頭金 500万円　ローン 3700万円（元利均等 固定2％ 35年）
- 毎月返済額12万5879円

35年後 ↓

＜総取得額＞
頭金 500万円＋5287万円（総返済額）
↓
**総合計　5787万円**

※35年後にマンションの価格が半額だったら、2100万円に

↓

35年間で失われた金額は
5787万円－2100万円＝3687万円

**★残ったのは古いマンションだけ**

※マンションは毎月管理費と修繕積立金の支払いが永久に続く

### 新築一戸建

＜土地20坪 4200万円（諸経費込み）＞
- 頭金 500万円　ローン 3700万円（元利均等 固定2％ 35年）
- 毎月返済額12万5879円

※土地価格50％（2100万円）

35年後 ↓

＜総取得額＞
頭金 500万円＋5287万円（総返済額）
↓
**総合計　5787万円**

※木造一戸建ての価格は０円
※土地価格の2100万円が３割下がると1470万円の評価額にしかならない

↓

35年間で失われた金額は
5787万円－1470万円＝4317万円

**★残ったのはボロ家だけ**

## 経済豆知識

賃貸住宅の家主が、一人暮らしの高齢者に部屋を貸したがらないのは、「孤独死」で「事故物件」になるケースがあるからです。ハイテク機器で毎日生存確認が可能になれば、問題は解消します。

# ③「生命保険」はどこまで必要か？

**家計支出において、住宅ローンの返済に次いで大きい出費が生命保険料の支払です。**生命保険文化センターの調査によれば、2016年の一世帯当たりの生命保険の年間払込額（個人年金保険の保険料含む）の平均は、38万5千円（月間3・2万円）でした。払込額がピークだった97年には67・6万円でしたから（月間5・63万円）、相当減ったとはいえ、日本人の相変わらずの保険好きを表わし、この額は世界でも突出しています。

かつてメディアの中では唯一、毎日新聞だけが「日本の生命保険料は、欧米の同内容の商品と比較して2~3倍高い」という趣旨の記事を書きました（01年8月5日付）。こんな記事を目にすることは滅多にありません。マスメディアにとっての保険会社は、広告を出してくれる大事なスポンサーだからです。日本の生保がなぜ非効率かといえば、30歳男性の死亡保険3千万円、期間10年・特約ナシの商品で見ても、月額保険料7千円のうち、実際の補償に回る純保険料は35％の2450円分しかないからです。残りの付加保険料4550円が保険会社の粗利です。つまり毎月の保険料の65％が、代理店への手数料やら宣伝広告費やらのコストや利益に消えるのです。

保険料が半額程度のネット生保でも、純保険料はせいぜい77％、付加保険料が23％です。

**実は、営利目的でない都道府県民共済に加入するのが一番コスパがよいのです。**共済の草分けの「さいたま県民共済」は県民の3人に1人が加入し、代表的な「医療・生命共済」は一口・月額2千円ですが、割戻金が49％もあるので実質月額1千円です。これで入院1日8千円、事故死亡1千万円、病気死亡4百万円なのです。

## 生命保険は無駄

**30歳男性の死亡保険**

（死亡保険額3000万円 保険期間10年 特約なし）

**ネット生保**

月額保険料
3200円程度

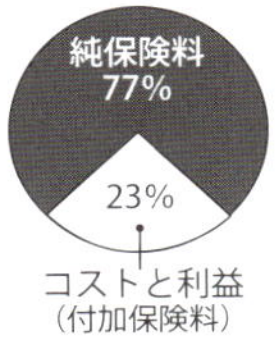


**大手生保**

月額保険料
7000円程度

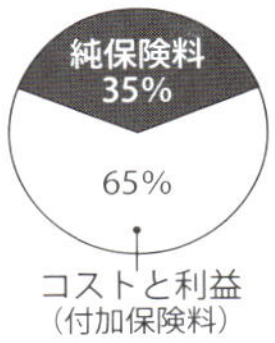


**月額掛金・共済2000円コース**

（60歳まで）

入院：事故・病気→１日8000円
（１～120日）
手術：１～５万円
重度障害：400～1000万円
死亡：病気400万円 事故1000万円

**共済**

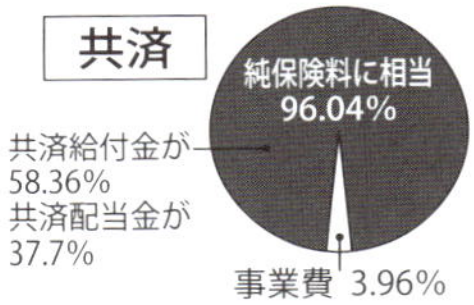


2001年から2010年の10年間だけでも金融庁が把握した保険金の
不当な「不払い事例」は116万件、1136億円にのぼります

大手生保の商品で加入者の「補償」に充てる部分は35%程度にすぎません。65%は保険会社側の利益とコストで消えます。半額のネット生保でも２割強が利益とコストです。しかも日本の生保会社は契約した保険金すら「不払い」にした実例が数多くあります。医療保険も免責事由が多く役に立ちません。いざというときには健保の高額療養費制度や傷病手当金、障害年金もあり、営利目的でない安い「共済」加入で充分なのです

## 埼玉県民共済の「医療・生命共済」

掛金：月額2000円→実質は1090円の年も！

| | | 15～60歳 | 60～65歳 |
|---|---|---|---|
| 入院 | 不慮の事故 / すべての病気 | １日目から120日目まで → 入院１日あたり 8000円 | 入院１日あたり 5000円 |
| 手術 | 入院中に受けた手術 | 5万円 | 2万5000円 |
| 手術 | 外来による手術 | 1万円 | 5000円 |
| 重度障害 | 不慮の事故 | 1000万円 | 500万円 |
| 重度障害 | すべての病気 | 400万円 | 200万円 |
| 死亡 | 不慮の事故 | 1000万円 | 500万円 |
| 死亡 | すべての病気 | 400万円 | 200万円 |

※上記2000円コースの２倍保険の掛金4000円コースもあります
※60歳以降は保険内容がさらに凝縮された「熟年型共済」が85歳までありります

### 経済豆知識

米国と日本がＦＴＡ（自由貿易協定）を結ぶと、米国の保険会社の圧力で、税制優遇や生損保の同時販売ができる日本の共済制度を潰しにかかるといわれています。実際、韓国でもそうなっています。

# ④ 都市生活で「マイカー保有」は無駄の塊か？

地方では交通が不便ですから、マイカーが家族の生活を支える必需品といえるでしょう。

しかし、電車やバス、タクシーなど、公共交通が充実した都会において、マイカー保有は無駄の塊《かたまり》です。どうしても必要な時は、レンタカーもあれば、カーシェアもあるからです。実際近年の若者たちは経済的事情もさることながら、合理的思考でマイカーを求めなくなってきています。

**マイカー保有で、どれほどの無駄遣いになるかは、保有している人でも意外に無頓着だったりします。**車の購入費、ガソリン代、駐車場代、保険料、車検代といった部分での認識しかなかったりするからです。実は、マイカー保有の重大な問題点は、過重な税金の支払にあるのです。

1800㏄で車両本体価格180万円（税抜き小売価格）の乗用車のケースを見てみましょう。

13年間保有しただけで、新車購入費を上回る234万1320円もの税負担になるのです。これは、初年度の税負担と税に準ずるコストの合計になりますが、日本自動車工業会（JAMA）が算出し、HPに掲載している金額なのです（年間燃料消費量1000ℓの場合）。もちろん、日本の税及び税に準ずるコストが高いことをアピールするために掲載されている試算値です。

**日本でマイカー保有にかかる税と税に準ずるコストの合計額は、世界でも突出しているわけです。**保有段階だけでの比較でも、イギリスの2・4倍、ドイツの2・8倍、アメリカの31倍です。

年間1000ℓのガソリン代や有料道路代、自賠責保険料、駐車場料金などまで加えたら、軽く500万円を超え、1千万円前後にも及びかねません。大都市でのマイカー保有はNGなのです。

## 自家用乗用車ユーザーの税負担額（13年間）

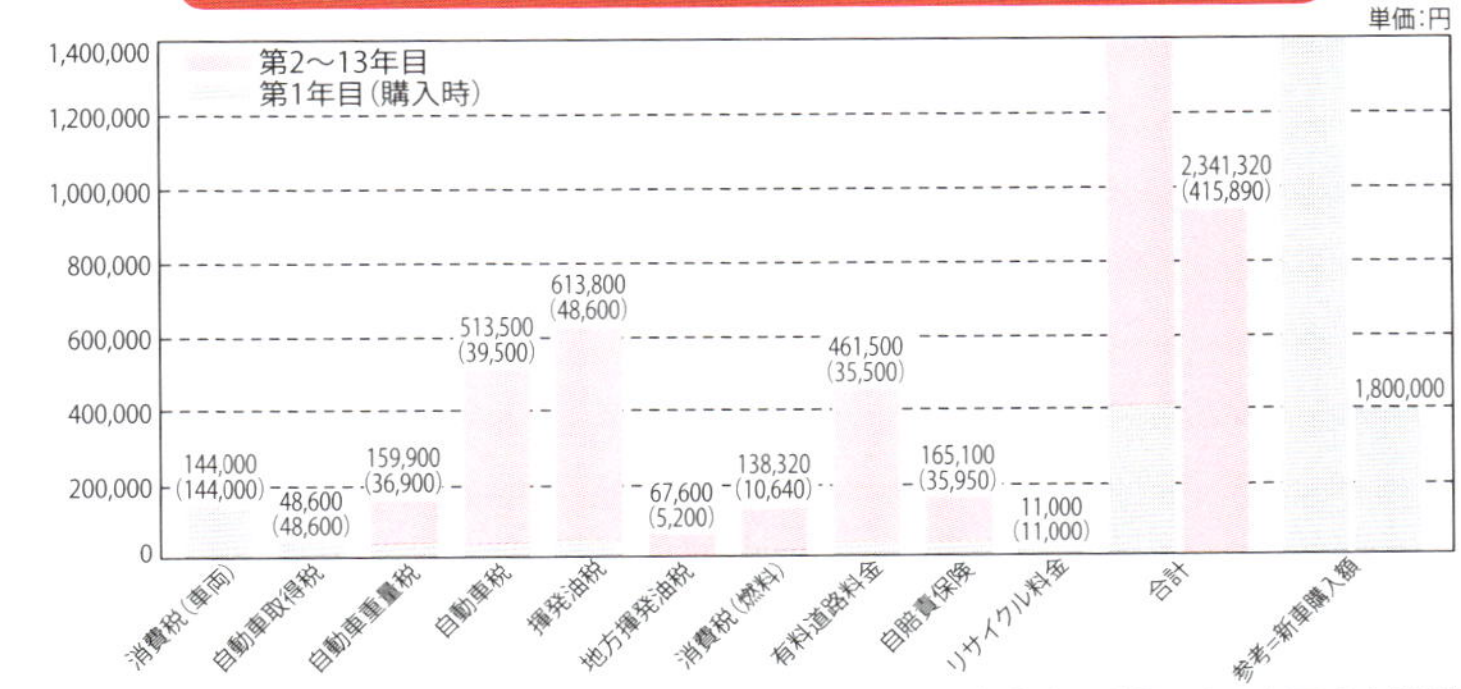


前提条件：①1800ccで車体価格180万円（税抜き小売り価格）の乗用車 ②車両重量1.5トン以下 ③年間燃料消費量1,000リットル ④重量税は車検証交付時または届出時に課税（第1年目は新車に限り3年分徴収） ⑤税率は2018年4月1日現在 ⑥消費税は8%で計算 ⑦リサイクル料金は1800ccクラスの平均的な額

注：1.有料道路料金、自賠責及びリサイクル料金は自動車諸税に準ずる性格を有するため計算上加味した（自賠責保険は2018年4月1日現在の保険額） 2.有料道路料金は2016年度料金収入より日本自動車工業会試算

（日本自動車工業会調より）

## 保有段階における税負担の国際比較

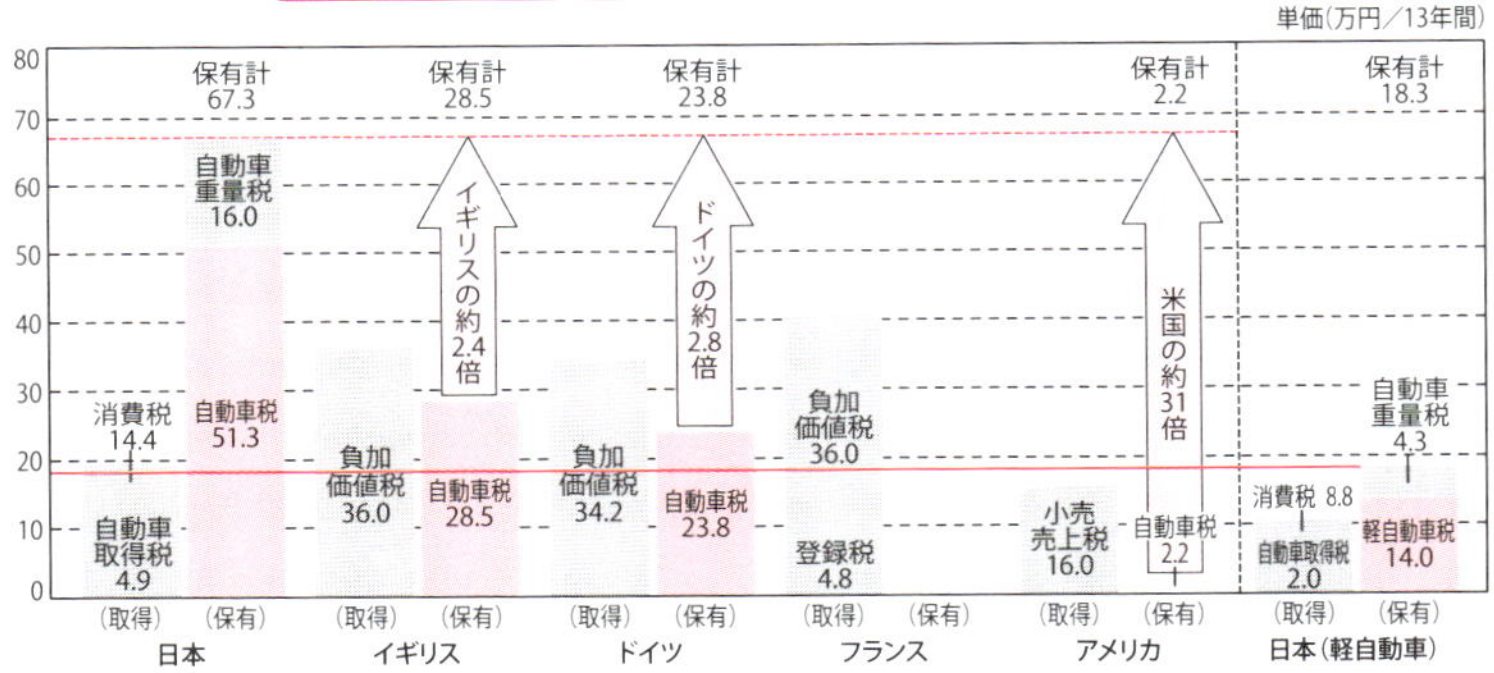


前提条件：①排気量1800cc ②車両重量1.5ｔ以下 ③JC08モード燃費値 15.8km/リットル（CO2排出量147g/km） ④車体価格180万円（軽は110万円） ⑤フランスはパリ、米国はニューヨーク市 ⑥フランスは課税馬力8 ⑦13年間使用（平均使用年数：自検協データより） ⑧為替レートは1€=¥131、1£=¥151、1$=¥112（2017/4～2018/3の平均）

※2018年4月時点の税体系に基づく試算 ※日本のエコカー減税等の特例措置は考慮せず

（日本自動車工業会調より）

### 経済豆知識

2017年度の日本自動車工業会の「乗用車市場動向調査」によれば、車を保有していない10代～20代の社会人で「車に関心がない」は57%で、「車を買いたくない」は54%となりました。

# 5 未来年金には米国ゼロクーポン債が面白い

第2次安倍政権は、日銀に大規模異次元緩和を行わせ、1ドル70円台までつけていたドル円相場を、その後110円～120円台の大幅な円安へと誘導してきました。もちろんこれ以上の円安をアメリカが容認するかどうかはわかりませんが、長期的には、日米金利差から円は安くなる可能性も高いでしょう。こんな時ゆえに、**将来の日本の国力衰退を見越した上で世界最強の米国債への長期投資を検討したいのです。確定利回りの上、低コスト、低リスクだからです。**要は老後を迎える10年後、20年後にもらえる年金のつもりで、今から「米国ゼロクーポン債」を購入してみるという方法です。ゼロクーポン債と呼ばれるのは、通常債券にはクーポン（利息）が付きますが、この債券には利息がなく、割引価格で発売されて流通する仕組みだからです。たとえば、10年後の2029年8月15日に額面1万ドルで償還される既発の「米国ゼロクーポン債」は、2018年10月19日時点で、7266ドルで購入できます（利回り2・97％）。1ドル110円換算で単純計算すると、日本円では、79万9260円で購入できます。これが10年後も今と同じくドル円が110円なら、110万円になって戻るわけです。もしこの時、ドル円が130円になっているとしたら、130万円で戻ってきます。

　**将来が今より円安であるほど、日本円での償還額が膨らみます。**ちなみに今から20年後の2039年5月15日に1万ドルで償還される「米国ゼロクーポン債」は、5362ドルで購入できます（利回り3・05％）。購入時より償還日に円高だと損した気になりますが、**割引価格で購入し、長期の保有なら、リスクも限定的といえるのです。**

## 未来の年金に米国ゼロクーポン債が面白い！

※2018年10月20日時点

| | | |
|---|---|---|
| 2021年２月15日に償還<br>9436ドルで購入！<br>（利回り 2.14%） | ２年３カ月後 → | １万ドルに！ |
| 2023年２月15日に償還<br>8894ドルで購入！<br>（利回り 2.73%） | ４年３カ月後 → | １万ドルに！ |
| 2026年２月15日に償還<br>8117ドルで購入！<br>（利回り 2.87%） | ７年３カ月後 → | １万ドルに！ |
| 2028年２月15日に償還<br>7493ドルで購入！<br>（利回り 2.96%） | ９年９カ月後 → | １万ドルに！ |
| 2036年２月15日に償還<br>5979ドルで購入！<br>（利回り 2.99%） | 17年３カ月後 → | １万ドルに！ |
| 2044年２月15日に償還<br>4537ドルで購入！<br>（利回り 3.14%） | 25年３カ月後 → | １万ドルに！ |
| 2046年２月15日に償還<br>4242ドルで購入！<br>（利回り 3.16%） | 27年３カ月後 → | １万ドルに！ |

低コスト、低リスクの世界最強の米国債は将来の人生設計において強力な味方になります。為替が円安に向けば、リターンがさらに大きなものになります！

### 経済豆知識

日本では米国ゼロクーポン債が知られていません。なぜかといえば、取り扱う証券会社の手数料が安すぎて儲からないからです。証券会社が宣伝しないものほど消費者にとってはオトクでしょう。

# ⑥「35年家賃保証」で安心アパート経営の愚

老後の不安を煽り、不動産投資で「老後の安心を確保しましょう」といった悪徳業者の広告がはびこります。安普請《やすぶしん》のアパートを、「35年家賃保証」や「35年の空室補償」と謳い、1億円以上もする高額新築アパートとして販売する業者です。

シェアハウス投資の詐欺商法「かぼちゃの馬車」が、スルガ銀行の不正融資とグルになり、年収800万円以上の属性の高い会社員に、破綻必至の新築シェアハウスを販売していた事件はニュースになりました。業界は似たもの同士の集まりです。

**35年の保証といっても、サブリース契約（又貸し契約）なので、家賃から15～25%の手数料を業者が差し引くので手取り賃料は減ります。**

その上、空室の免責期間が3～6カ月だと、空室でも賃料保証はなくなります。おまけに2年毎に、保証賃料も見直され下げられます。退居のあとのリフォーム費用も高額で、家主が契約外の別業者にリフォームを依頼すると、契約違反でサブリース契約解除です。家賃の6カ月分の違約金を請求されたりで家主は踏んだり蹴ったりの目に遭います。いっぽう業者はサブリース契約解除で万々歳です。もともと需要の弱い地域に建てたアパートなので、経年劣化とともに入居者確保が困難になるからです。稀に満室経営が続き、需要のあるうちに、この悪徳スキームから逃れようとアパートを売却したくても、もともと割高物件ですから安値でしか売れず、ローンの残債が残ります。また、35年経って億単位のローンを完済できても、物件はボロボロで激安家賃でしか貸せません。老後安心の不労所得には程遠いでしょう。**業者にお任せのスキームで資産など作れません。オイシイ広告には騙されないことです。**

## 「35年家賃保証」の騙しのスキーム

家主の末路は自己破産

業者の修繕リフォーム代が高い！
年数が経つと業者はサブリース契約を解除したがる

**新築販売価格**

1億円
（木造12戸）
※実質5000万円位の価値しかない

**儲け①（販売で儲ける）**

建築メーカー（不動産会社）
粗利益40%
4000万円の儲け！

**オーナーの収支計画**

- 自己資金500万円（0円も）
- アパートローン9500万円（1億円も）（30年固定。金利4％）
- 毎月の返済額＝453,544円（年間544万円）

**儲け②（サブリースで儲ける）**

新築時
家賃5万円の80%（サブリース）
1室1万円×12室＝12万円
（年間144万円の儲け）

家主
- 収入＝1室4万円×12室＝48万円（年間576万円）

※家賃は2年毎にさげる

※差額が年間576万円－544万円＝32万円のプラスしかないので空室が出ると即赤字になる。退去時の免責が2カ月以上だとさらに赤字が膨らむ。

※営業マンは「相続税対策」になるとアピールする。確かに家主が死亡すればローンは団信でゼロになり、相続税評価額は時価の7～8割で評価され、さらに貸家建付地で15%程度低くなるので3～4割減となる。
※営業マンは「節税対策」になるとアピールするが、給与との損益通算は減価償却が大きい最初の数年だけ
※20年もするともともと安普請の建物なのでボロボロとなり、売りに出しても激安価格でしか売れない。すなわち出口がなくなり赤字でも保有せざるを得ず、最後は自己破産するしかないケースもある

### 経済豆知識

サブリース（又貸し）契約で安心を謳う需要の高い都心一等地での新築ワンルームマンション投資もありますが、こんなケースでは逆に借家権で守られて家主側から契約を解除できなくなります。

# 7 リバースモーゲージで安心老後になるか？

**都心の一戸建てに住む60歳以上の人なら、地価が高いので、老後の生活資金に困ったら、「リバースモーゲージ」という制度が利用できます。**

これは、自宅を担保に借金し、生活資金の不足を補える制度です。自治体や金融機関で取り扱うところが増えています。ただし、契約満期時には自宅を売却し、借りた資金に利息を付け、一括返済が必要です。そのため、「子孫に美田を残す」といった自宅まるごとの相続はできません。法定相続人の息子や娘には利用の際に了解を取り付けておかないとトラブルの懸念があります。また、契約者の夫が亡くなった場合、妻が契約を継続できる場合と、できずに自宅を売却しなければならない場合があります。契約内容には十分注意が必要なのです。なお、夫婦2人のみの同居に限定されます（息子が失業して同居するなどは契約違反）。利用の一例を見てみましょう。65歳のA氏の自宅時価は6千万円、これに対し3千万円（評価額50％）の極度額で95歳の満期まで30年間、毎月5万円ずつの借り入れをしていくと（金利3％）、満期時の借入総額は2921万円です。

このまま順当に経過し、90歳で亡くなったら、自宅を売却してそれまでの借入総額だけを返済すればよいわけですが、いくつか問題点もあります。

まず30年間の途中で、自宅の評価額が下がり、借入極度額が3千万円より低く設定される場合があることです。また、95歳よりも長生きした時には、それ以上借り入れができず、自宅を売却して一括返済を迫られます。さらに変動金利が原則なので、**金利が急騰すると借り入れできる総額が減少してしまいます**。こんな懸念があるわけです。

制度の利用には、十分な検討が必要でしょう。

## 老後の資金が足りない！どうしよう？

自宅を担保
年金だけではとても生活費が足りない……
複数のローンの支払いがあって大変だわ……
《老夫婦》
海外旅行とかもしてみたい……
介護が必要になっても有料老人ホームにも入れないわ

悩みがあってもマイホームは売りたくない

こんなときに
リバースモーゲージ！

★自宅を担保にお金を借りるのがリバースモーゲージ

**注意点！**

① 契約者の夫が亡くなっても妻が契約を継続できない場合がある（この場合、自宅を売却して一括返済が必要）
② 自宅の評価額が下がると借り入れの極度額も減少する
③ 長生きしすぎると借り入れ極度額を超えてしまい、自宅を売却して一括返済しなければならなくなる
④ 結局最後は自宅を売却するしかなく、子どもに残せる相続遺産が減るか、なくなってしまう

### ひとくちメモ

平均寿命とは、同年生まれの人が約半数亡くなる年齢であって、全員が死亡する年齢ではありません。生存率で見ると、90歳時点でも男性の４人に１人、女性の２人に１人は生きているのです。

# 8 介護が必要でも老人ホームに入れない現実

「健康寿命」とは、WHO（世界保健機関）の定義では、平均寿命から疾病、衰弱、認知症などの要支援や要介護を必要とする「健康でない状態」の期間を差し引いたものです。**日本人の平均寿命は、男性81歳、女性87歳ですが、「健康寿命」は男性72歳、女性74歳です。死ぬまで健康でいられるわけではないのです。**

いずれ介護が必要になる時がくるでしょう。

2000年から始まった介護保険制度ですが、現行の1割負担では維持も困難で、負担増も必至でしょう。現在、費用が安い介護保険施設の「特別養護老人ホーム」は、全国に約9700ありますが入居は数年待ちです。となれば、民間の「サ高住（サービス付高齢者向け住宅）や「有料老人ホーム」しかないものの、費用は安くありません。

14年末、介護職員が高齢者3人を殺害するという事件があり、注目を浴びた神奈川県の施設は、実は民間のリーズナブルな施設として人気でした。入居一時金なしで家賃15万1500円、管理費3万4560円、食費3万5640円の合計22万1700円だったからです。一時金ナシだと、都市部では通常30万円台からです。

しかし、**無職の65歳以上高齢者夫婦の平均年金受給額は19万円なので、一方が要介護になっても、こうしたリーズナブルな介護施設でさえ、入れない現実があります。**そうなると、貧困ビジネスの「無届介護施設」に入るしかありません。これなら1人10万円以内も可能ですが、防火設備もなく大部屋に布団を敷いて雑魚寝《ざこね》といった不潔で劣悪な環境です。介護の世話にならず、ピンピンコロリと死ぬためには、よく運動し、体によい食品を食べ、健康維持が大事なのです。

## 有料老人ホームはピンキリ！

### 超豪華有料老人ホーム

※東京都杉並区にある介護付老人ホーム

- 入居一時金　4800万円
- 月額費用　30万円
  - 賃料　２万円（個室40㎡）
  - 管理費　20万円
  - 食事　８万円

※2.5人を1人のスタッフがケア
※看護師常駐
※リハビリ施設あり

---

### リーズナブル有料老人ホーム

※東京郊外にある介護付老人ホーム

- 入居一時金　0円
- 月額費用　21万円
  - 賃料　15万円（個室13㎡）
  - 管理費　3万円
  - 食事　3万円

※条件はマチマチ

まれに虐待や暴言、暴力も見られる事例がある

---

### 無届介護施設

※日本全国に点在する
※すべての無届介護施設が劣悪というわけではありません

- 入居一時金　0円
- 月額費用　10万円
  - 賃料　5万円（大部屋）
  - 管理費　3万円
  - 食事　2万円

※貧困ビジネスの温床

### 経済豆知識

介護業界は慢性的な人手不足です。仕事の内容に比べ給与が安いため、離職率も高くなります。厚労省では2025年度には240万人の介護職員が必要になるとみていますが、見通しは暗いのです。

# ⑨「教育費」のかけすぎは貧困老後への道

勉強の嫌いな子供に無理やり学習環境を整えても、ＩＱにおいては8割が遺伝で決まるそうです。一生懸命勉強すれば、高偏差値の一流大学に合格できると信じられていますが、学習に関わる遺伝子が優秀でなければ、教育に要した「金・時間・労力」は無駄になるのです。

イギリスのオックスフォード大学でＡＩ（人工知能）を研究するマイケル・Ａ・オズボーン准教授がスタッフとの共著で、**２０１４年に発表したこの論文「雇用の未来——コンピューター化によって仕事は失われるか」は、世界中に衝撃を与えました。** 米国の労働省が定めた７０２の職業分類のうち、今後10〜20年で、47％の仕事がテクノロジーに取って代わられるとしていたからです。10年後にはタクシーやトラックの運転手も要らなくなるばかりか、弁護士や会計士といった分析的業務の大半や、医師による診断業務もＡＩ判断が主流になるというのです。ブルーカラーだけでなく、ホワイトカラーさえもが、仕事を奪われる時代が来るわけです。

文科省のデータによれば、授業料、給食費、教材費に、塾や習い事を加えた教育費は、幼稚園から大学まで、すべて公立なら約８００万円かかるといい、高校と大学だけが私立なら１０８４万円、幼稚園から大学まですべて私立なら２２１２万円かかるといいます。これらは自宅通学が前提です。寮やアパート代を入れればもっと大変なのです。

米国の最新の教育研究では、今後は人の認知スキルより、**人生を成功させる要素としての社会貢献や経済基盤に直結する「非認知スキル」が重要といいます。** 子供に過度の期待をし、教育費をかけると老後資金も枯渇《こかつ》します。

## 子供1人にかかる教育費（文科省データ）

| | |
|---|---|
| 公立幼稚園（3年間） | 73万円（私立161万円） |
| 公立小学校（6年間） | 183万円（私立985万円） |
| 公立中学校（3年間） | 142万円（私立380万円） |
| 公立高校（3年間） | 156万円（私立313万円） |
| 公立大学（4年間） | 246万円合計（私立文系373万円 私立理系442万円） |
| 合計 | 800万円（私立2212～2281万円） |

※塾や習い事の費用を含めた平均値
※高校や大学だけ私立だと1084～1153万円程度かかる

## AI社会で「消える職業」「なくなる仕事」予想

銀行の融資担当者
スポーツの審判
不動産ブローカー
レストランの案内係
保険の審査担当者
動物のブリーダー
電話オペレーター
給与・福利厚生担当者
レジ係
娯楽施設の案内係、チケットもぎり係
カジノのディーラー
ネイリスト
クレジットカード申込者の承認・
審査を行う作業員
集金人
パラリーガル、弁護士助手
ホテルの受付係
電話販売員
仕立屋（手縫い）
時計修理工
税務申告書代行者
図書館員の補助員
データ入力作業員
彫刻師
苦情処理、調査担当者
簿記、会計、監査の事務員
検査、分類、見本採取、
測定を行う作業員
映写技師
カメラ、撮影機器の修理工
金融機関のクレジットアナリスト
メガネ、コンタクトレンズの技術者
殺虫剤の混合、散布の技術者
義歯制作技術者
測量技術者、地図作成技術者
造園、用地管理の作業員
建設機器のオペレーター
訪問販売員、路上新聞売り、露店商人
塗装工、壁紙張り職人

ＡＩの発展は日常生活だけではなく、ビジネスの形態も大きく変化させることになるでしょう。単純作業など機械が得意な分野は特に大きな変革が見られそうです！

### 経済豆知識

学費が世界一高いといわれるのが米国です。公立の大学の授業料だけで年間300～400万円、名門の私立大学なら500万円以上もザラです。オバマ前大統領も42歳まで奨学金を返していました。

# 10 「高収入」＝「幸福」とは限らない不思議

年収と幸福に関する研究はいろいろあります。有名なのはプリンストン大学のダニエル・カーネマン教授（2002年行動経済学分野で初のノーベル経済学賞受賞）や、同じ大学のアンガス・ディートン教授（05年行動経済学分野でノーベル経済学賞受賞）の研究でしょう。

彼らが辿りついた**「年収と幸福感」における結論は「幸福感は、年収が7万5千ドルまでは、収入に比例して増加するが、それを超えると比例しなくなる」というものでした。これは1ドル110円換算だと、日本円では825万円程度**です。

収入の増加が、ある時点を超えると、自由に消費でき、旅行にも行けるといった生活満足度は向上しても、幸福感は上がらない――ということを、最初に提唱したのは、1974年の米国の経済学者リチャード・イースタリン教授の研究でした。

**「幸福のパラドックス」**と呼ばれるこの現象を、1人当たりGDPの成長率と、各国国民の幸福の度合いでとらえ、明らかにしたのです。いずれの研究も「幸福」の定義は難しいものの、同様の結論に至っているわけです。仕事で稼ぐほど、ストレスや家族との関係の変化も影響するからなのですが、経済学の**「限界効用逓減《ていげん》の法則」**との関連も大きいでしょう。一杯目のビールは美味しくても、2、3杯目になると美味しさの効用も逓減します。豊かな生活ができるようになっても次第にそれに慣れれば幸福感は小さくなるのです。宝くじで1億円当たると当座は嬉しくても、やがて幸福感も薄れます。心理学の**「ヘドニック・トレッドミル現象」**です。富裕層に「幸福感」を尋ねると「友人家族との語らい」や「安らかな休息」といった平凡な日常生活を挙げるのも定番なのです。

## 収入と幸福の関係

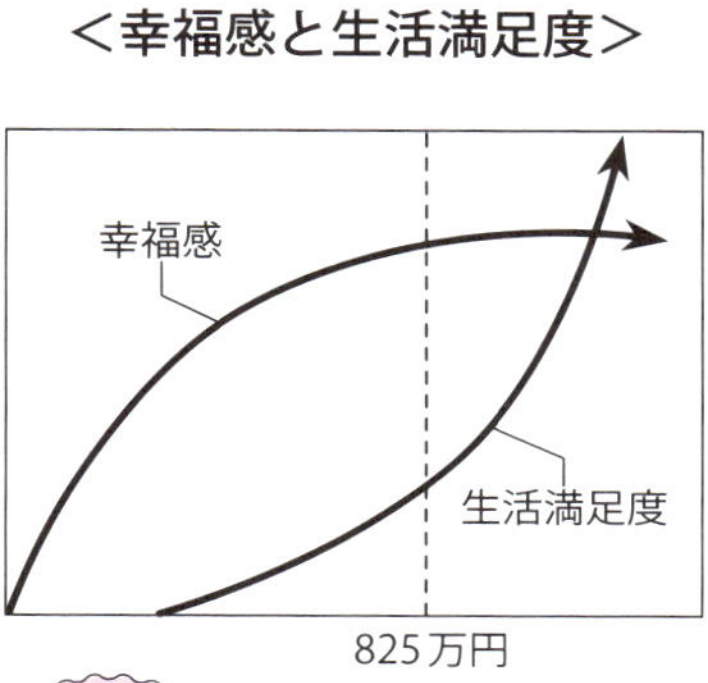


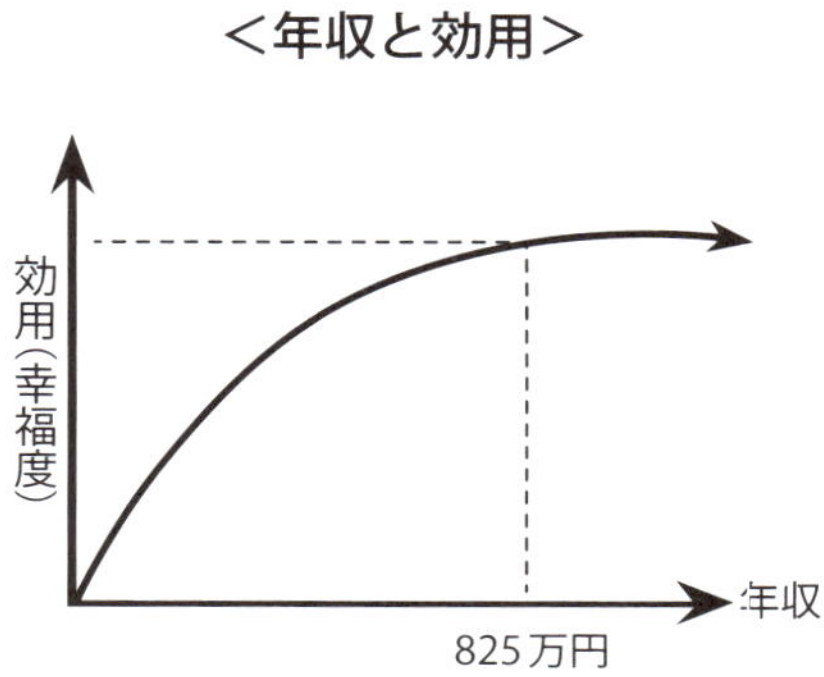

★しかし2～3杯目になると、それほどでもない

**《限界効用逓減の法則》**

★しかし時間の経過とともに喜びも小さくなる

**《ヘドニック・トレッドミル現象》**

お金があればあるほど「幸福度」は上昇していくと思われがちですが、ある程度の年収を超えると「金額＝幸福度」の図式は崩れてきます！

### ひとくちメモ

ゲーテが幸福について述べた言葉を紹介します。「なぜ遠くへばかり行こうとするのか。見よ、よきものは身近にあるのを。ただ幸福のつかみ方を学べばよいのだ。幸福はいつも目の前にあるのだ」

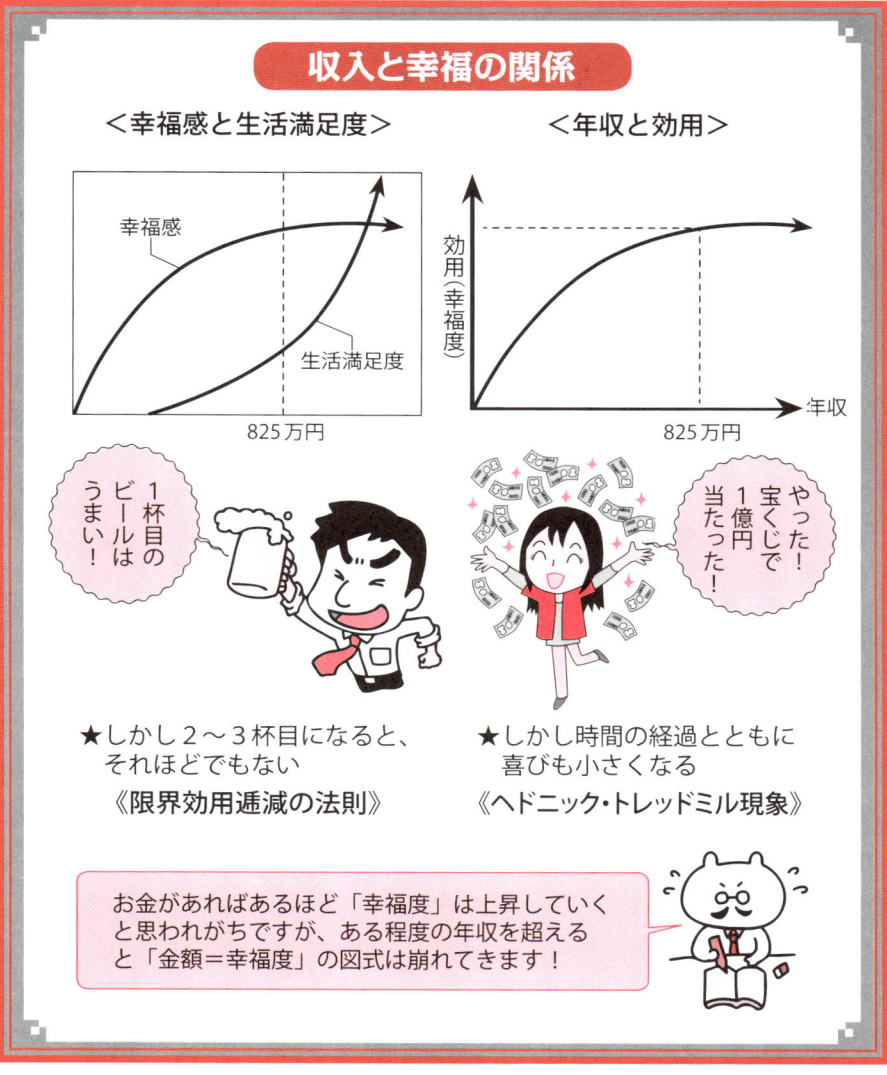

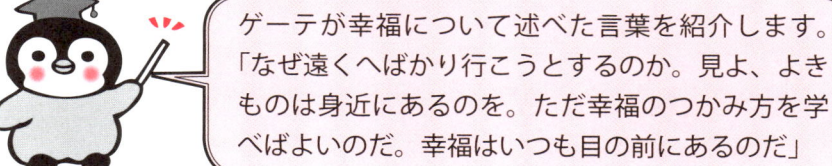

## 人に話したくなる経済のカラクリ③

# 無税サラリーマンになる方法があった！

サラリーマンとして給与収入があれば、当然税金がかかります。

サラリーマンは当該給与額に応じて、所得税があらかじめ毎月源泉徴収されるとともに（年末調整で若干多く払った分が戻る）、前年度の所得に応じた額の住民税も天引きされます。そのうえ、社会保険料（健保・年金・雇用保険・40歳以上は介護保険）も毎月ごっそり引かれます。家族構成にもよりますが、年収1千万円でも、手取りは700万円ちょっとになるゆえんです。

ところで、サラリーマンなのに、税金を払わないというのは、一体どんな人なのでしょうか。**実は、税金をほとんど払わないサラリーマンは少数派ですが、払った税金をかなりの金額分取り戻している人は少なくないのです。**

多く収めた税金を取り戻すには、翌年の3月15日までに、前年所得について、税務署に対して**確定申告をする**必要があります。税金取戻しの申告なので、これを「**還付《かんぷ》申告**」と呼びます。なぜ、税金を多く収めた形になって、取り戻せるかといえば、サラリーマンが他に不動産投資をしたり、副業で事業を行っており、それらが赤字になると、給与所得との損益通算ができるからに他なりま

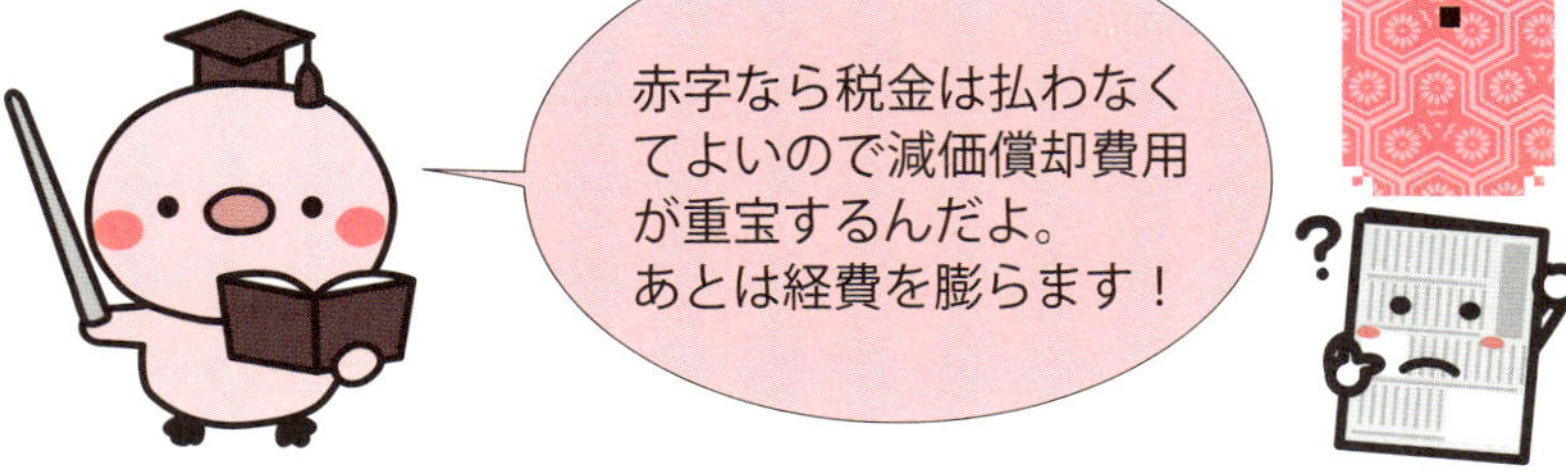
赤字なら税金は払わなくてよいので減価償却費用が重宝するんだよ。
あとは経費を膨らます！
?

せん。不動産投資の場合ですと、建物本体はもとより、電気・ガス・水道設備一式などで、減価償却が行えることが大きいでしょう。減価償却は実際にお金は出ていきませんが、これらは毎年減価していくと考えられる分を費用に計上できるのです。さらに、建物部分のローンの金利分、固定資産税などの公租公課分（初年度は不動産取得税も計上）、修繕費、修繕積立金、管理費、巡回のための交通費、不動産業者への手数料、広告費などの諸々の経費も、年間家賃収入から差し引けます。すると、当初数年間は赤字になるわけです。この赤字分を他の所得（サラリーマンなら給与所得）から差し引くと、所得全体が圧縮されて、その結果、毎月源泉徴収された分が税金の払いすぎとなるため、すでに払った税金が戻されるのです。副業の場合も同様です。**給与収入の高い人ほど、こうした還付申告によって多く収めた分の税金を取り戻しているのです。**

## 損益通算を活用したケース

### 不動産所得の場合

※頭金300万円で中古マンションを購入（ローン1300万円、固定3.5%）し、賃貸中

経費（180万円）
- 減価償却費（建物と設備）
- 金利代（建物のみ）
- 管理費／修繕積立金
- 税金（固定資産税など）
- 修繕費／交通費
- 広告料／雑費

※年間家賃収入140万円から上記のコストを差し引くと40万円の赤字になる。所得税率20%の人なら８万円還付される。

### サイドビジネスの場合

※独立自営型副業のケース

経費（150万円）
- 家賃、光熱費（自宅分と按分）
- パソコン代
- 通信費（送料含む）
- 交通費（ガソリン代など）
- 研究費（書籍など）
- 広告費
- 交際費

※年間家賃収入120万円から上記のコストを差し引くと30万円の赤字になる。所得税率20%の人なら6万円還付される。

**さらに圧縮！**

※扶養控除（６親等まで）
※住宅取得控除（住宅ローン残高の１%）
※医療費控除（家族で年間10万円）
※寄付金控除（寄付金－１万円）
※雑費控除（盗難や白アリ被害他）

# Column ③

## 外見の「良し悪し」が生涯収入に影響する！

美人やハンサムは、世渡りする上で何かとトクをしている――と感じる人は多いでしょう。外見がよいと、注目され、周囲もチヤホヤしてくれるのは経験則でもわかります。そんな外見の良し悪しと収入との関係を数値化したのが、テキサス大学のダニエル・S・ハマーメッシュ教授です（『美貌格差』東洋経済新報社／2015）。外見が平均より上の女性は、平均の女性よりも８％収入が多く、平均より下の女性は４％収入が少なかったといい、美人と不美人の経済格差は12%もあると喝破しました。また、外見が平均より上の男性は、平均の男性よりも４％収入が多く、平均より下の男性は、13%も収入が少なかったというのです。イケメンとブサメンの経済格差は、17%もあることになります。アメリカは肥満が多く、美醜の基準も異なるので、いきなり日本の事情に置き換えるのは無理があるかもしれませんが、男性でブサメンの人の生涯収入は、女性同士の場合よりも悲惨な結果になることが暗示されています。怖い話なのです。

第4部

疑問

# 今さら聞けない経済の疑問を一発解消！

# ① なぜトランプ大統領は貿易戦争を仕掛ける？

米国は70年代以降、恒常的に貿易赤字が続いています。08年のリーマン・ショックで一時期縮小しますが、その後も拡大が続きます。**貿易赤字とは、輸出よりも輸入が多いことですが、米国の通貨が強く、経済が好調で消費が活発だからでもあります。**赤字といっても外国から借金しているわけでもないのです。ただし、トランプ大統領は、貿易赤字が米国の経済成長を抑制させているとして嫌います。たしかに、米国のラストベルト（錆《さ》びついた一帯）と呼ばれる工業地帯は、安い輸入品に押されて製造業がダメになっています。

トランプ大統領は、こうした地域の労働者にも仕事を取り戻すと公約しました。それゆえに、米国に工場を取り戻すべく、米国の貿易赤字の半分を占める中国を標的に貿易赤字を減らせと脅し、高率関税を課して貿易戦争を仕掛けたのです。

貿易赤字を減らすには、輸入を減らすか輸出を増やすしかありません。しかし、輸入を減らすべく輸入品に高率関税を課すと、輸入品が値上がりして、やがて米国の消費者にも影響が及び、消費を減退させて景気を冷やしかねません。また、中国も報復で米国の農産品に高率関税をかけたので米国の農業生産者が打撃を受けています。高率の関税をかけ合う泥仕合は、世界の貿易量を減らし、経済を停滞させます。第2次大戦を招くキッカケとなったブロック経済の二の舞になるだけなのです。結局、なぜトランプ大統領が貿易戦争を仕掛けたかの真相は謎のままですが、諸説あるのです。

前述の公約履行だけでなく、18年11月の中間選挙対策や、中国が米国の知財やハイテク技術を、これ以上盗んで成長させないよう、中国に大打撃を与える、といった理由になるわけです。

## アメリカの貿易赤字国

（2017年）

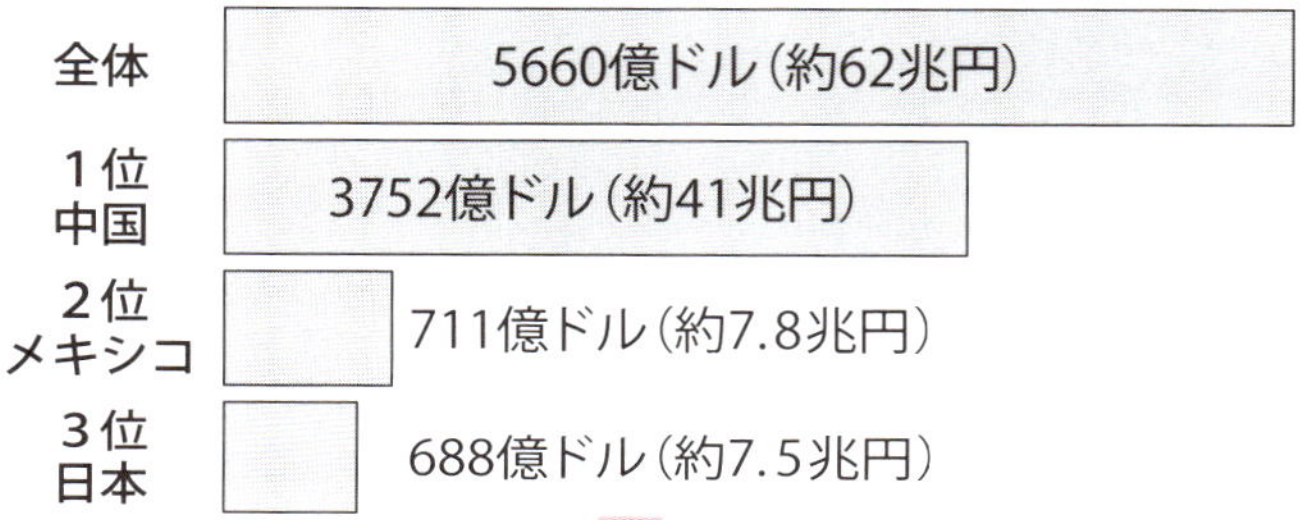

中国との貿易赤字が全体の約 66%を占める

## アメリカと中国・日本との貿易赤字の推移

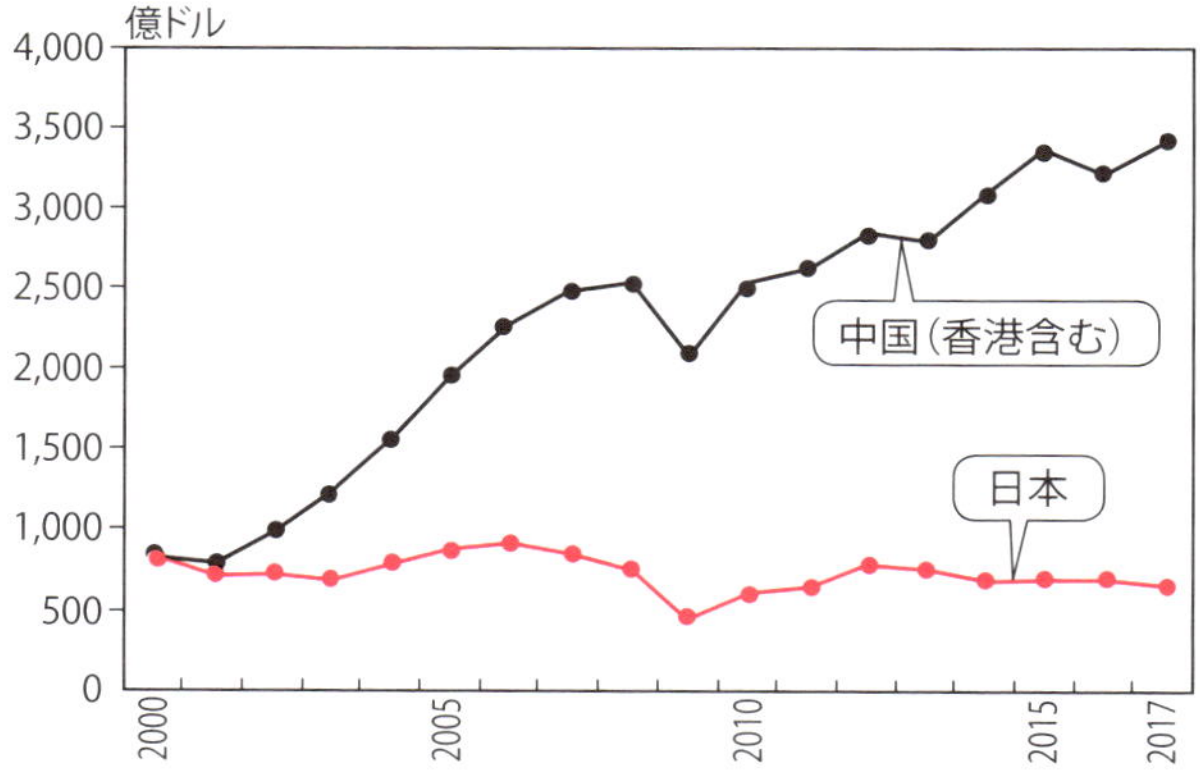


（米国商務省経済分析局・BEAの資料より）

### 経済豆知識

イギリスの経済学者リカードが「比較優位」を説いて自由貿易は広がります。これは、各国が得意とする生産に特化し、それ以外は貿易によって賄《まかな》えば、各国にメリットがあるという原理です。

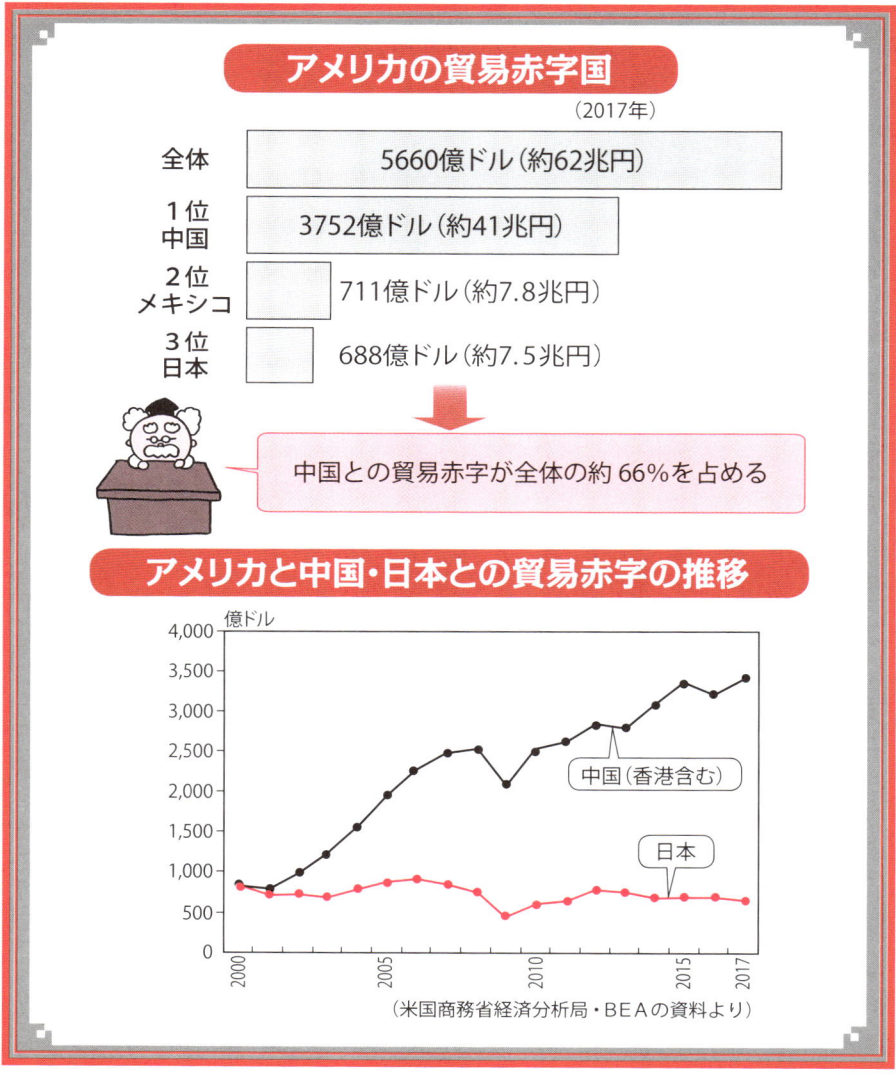

# 2 なぜポイントカードが普及したのか？

今や買い物をする際、レジでポイントカードの提示を求められるのは普通のことになりました。**なぜ、ポイントカードはこれほど普及したのでしょうか。店側にとっての最大のメリットは、お客の囲い込みが図れるからです。**安売り競争に陥ってのライバル店との消耗戦も避けられます。

また、場合によってはポイント分以上に商品価格を嵩《かさ》上げし、10ポイント付与などとポイント還元率を強調することもできるでしょう。さらには、ポイント5倍セールなどと銘打って特定日の販促にも使えます。ポイントが多く付くなら、お客に得だと錯覚させ、消費も促進できるわけです。また、企業戦略上で顧客が何を買ったかを知ることでマーケティングに使える点も大きいのです。

このように、店側のメリットが大きいために、ポイントカードは普及しました。業界を二分する共通ポイントカードは「Tカード」と「Pontaカード」が有名ですが、それぞれ5千万人以上の登録会員がおり、マーケティング情報も企業に提供しています。お客にとっては、商品価格のたった1％でも、同じ店舗あるいは共通カードの店舗で商品を買うようにすればポイントが貯まります。消費者は「ちりも積もれば山」といった格言の感覚が、特定ポイントカードをより多く使わせるようにさせます。

ところで、**ポイントカードは、得した気分にさせる不思議な効果が大きいのです。**たとえば40万円のテレビを買い、10％ポイント付与なら4万円儲かった気分になり、するとつい4万円で余計な周辺機器まで買いたくさせるのです。最初から4万円の値引きで36万円のテレビなら、他に無駄遣いはしないはずが、逆に消費を促進させるのです。

ポイントカードは店側のメリットが大きい！
顧客の囲い込み
どうせならポイントの貯まる店で商品を買いたくさせる
値引き防止
ポイントが貯まることで顧客は値引きしなくても得した気分になる
競合店との差別化
自分の持っているポイントカードの店で買い物をするように仕向ける
価格アップ
多くのポイントを付与すると見せかけて商品価格を嵩上げできる
顧客情報ゲット
いつ、誰が、何を買ったかがわかる。顧客の情報を収集できる
消費を促進させられる
（無駄遣い促進！）
わーい！40万円のテレビを買ったら4万ポイントも得したぞ
じゃあ、ついでにこの際新しいテレビ台も4万ポイントを使って買おうかな……

## 経済豆知識

お客の囲い込みに有効な手法として近年普及してきたサービスには、会員制の月額定額制（サブスクリプション）というのもあります。これで常連客を囲い込めば、競争優位が保てる戦略です。

# ３ なぜ生活保護支給総額は右肩上がりか？

生活保護受給世帯が増え続けています。当然ですが支給総額も右肩上がりです。**２０１７年の生活保護受給世帯は１６４万世帯におよび、受給者総数は２１４万５４１５人にのぼります。日本では約58人に１人が生活保護下にあるわけです。**

支給総額は平成29年度では３兆８４０４億円と当然のごとく上昇し続けています。なぜ、生活保護受給世帯数と支給総額が増え続けているかといえば、高齢化が原因なのです。

高齢者世帯の中に、生活保護を受けないと暮らしが成り立たない世帯が増えており、生活保護世帯の約半分は65歳以上の高齢者世帯が占めます。また、生活保護は8つの扶助から成り立ちますが、支給総額の約半分が医療扶助です。生活保護制度は、憲法25条に定められた「健康で文化的な最低限度の生活」を保障し、その自立を促すものです。

働くことが可能な人は、働くことを求められ、役所のケースワーカーからは頻繁に訪問チェックされ、「○月までで打ち切るよ」などと脅されます。

しかし、この生活保護制度を受けられず、生活保護以下の生活を強いられている高齢者も数多《あまた》存在します。それは**生活保護制度が預貯金や生命保険、車や住宅などの資産が基本的にないことが条件だからです。**したがって資産のある人は、それを売却して生活費に充ててからでないと支給条件に該当しません。また、借金のある人も自己破産してからでないと受給できません。ゆえに、受給したくても受給できない高齢者が数多存在するわけです（高齢者の6割は自宅保有）。なお、受給申請すると資産調査や三親等内の親族に「扶養照会」がいくのを嫌がり、申請しない人も多く存在します。貧困老後になる人は増える一方なのです。

## 生活保護費負担金（事業費ベース）実績額の推移

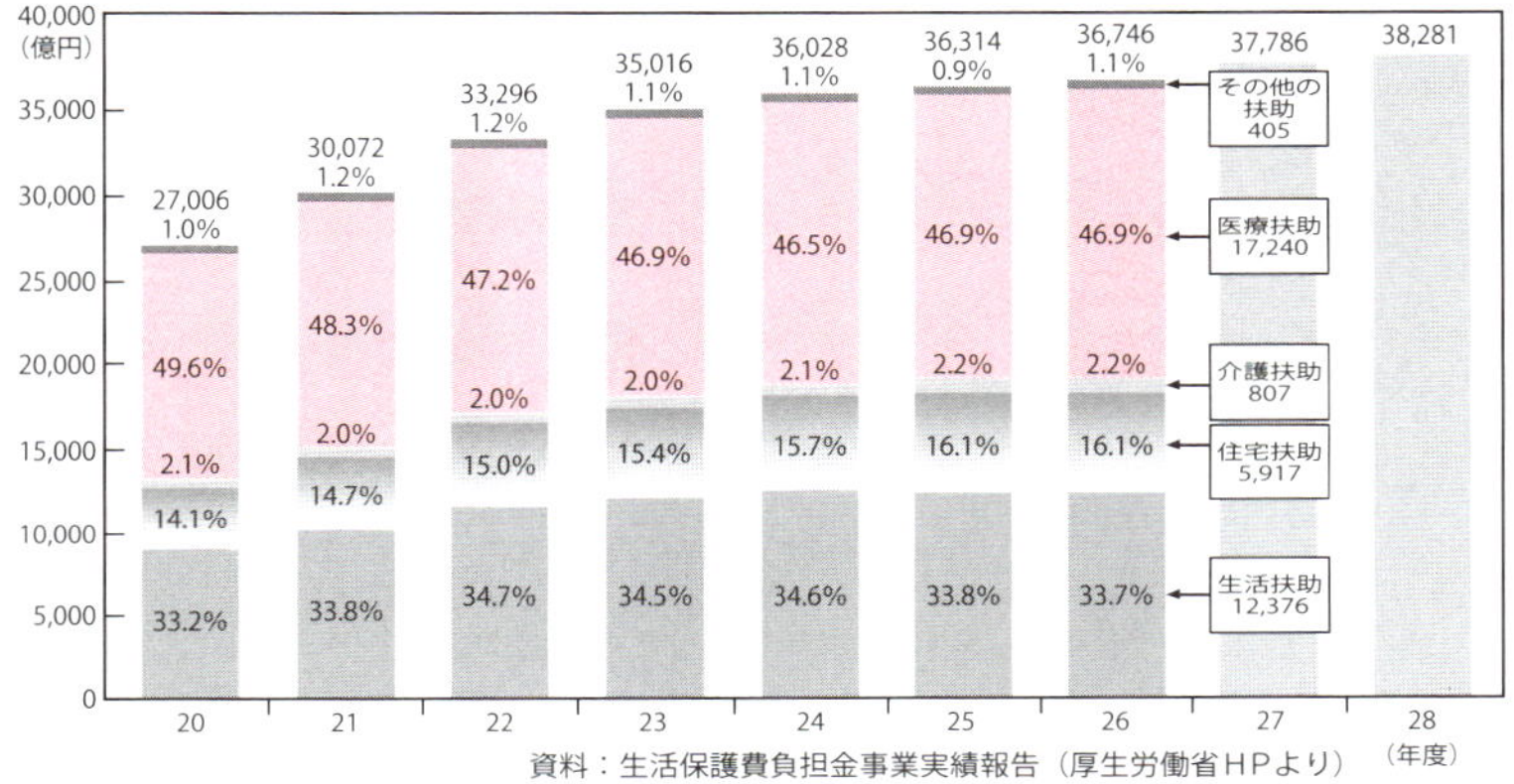

資料：生活保護費負担金事業実績報告（厚生労働省HPより）

※施設事務費は除く
※平成26年度までは実績額、27年度は補正後の予算額、28年度は当初予算額
※国と地方における負担割合については、国3／4、地方1／4

## 65歳以上の高齢者・生活保護受給者の変化

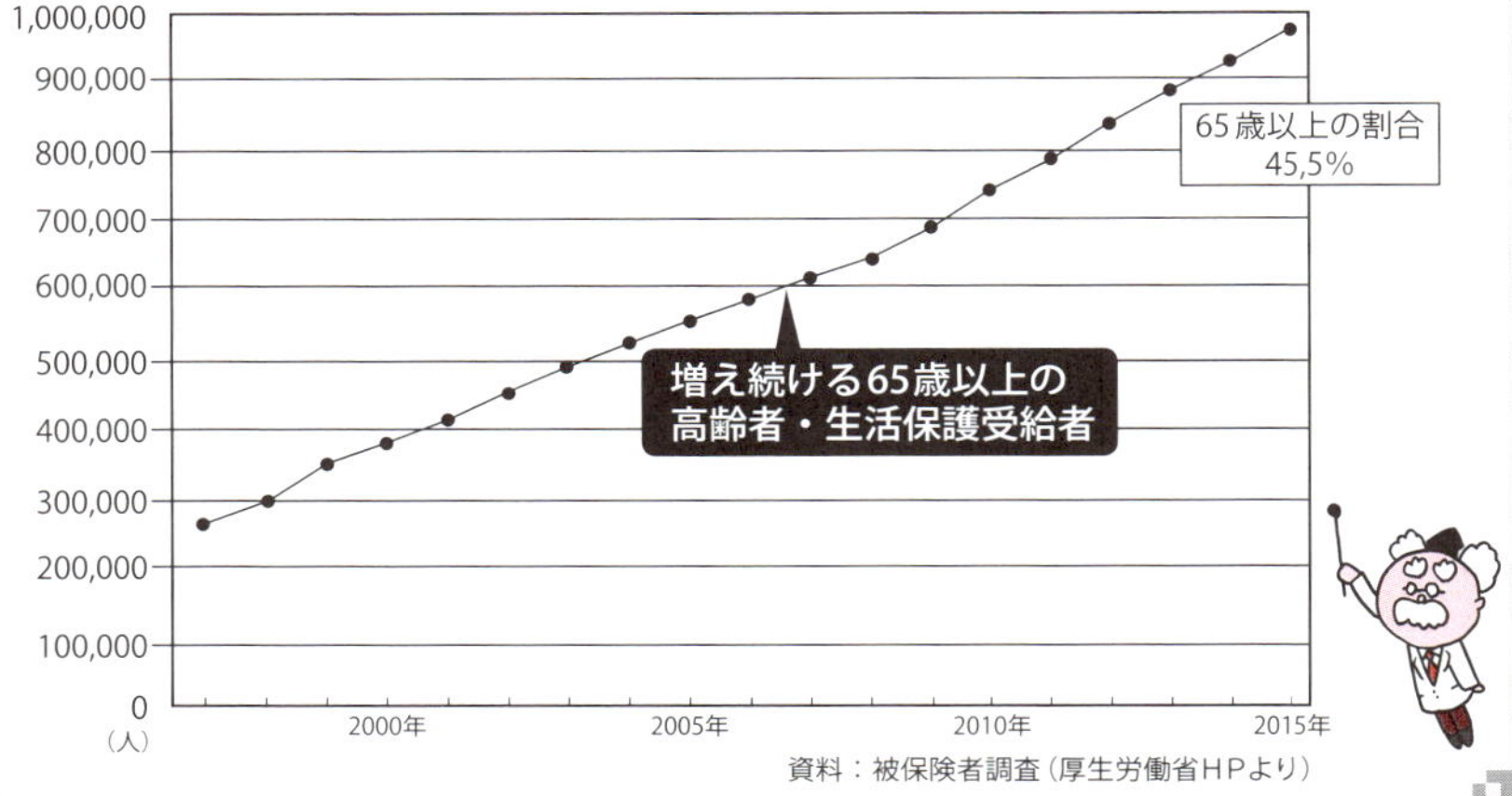

資料：被保険者調査（厚生労働省HPより）

### 経済豆知識

生活保護支給額は地域や家族構成で異なるものの、一番高い東京で単身世帯が約13万円、夫婦2人世帯が約18万円、親1人子1人世帯が約20万円、親子4人世帯で約26万円程度となります。

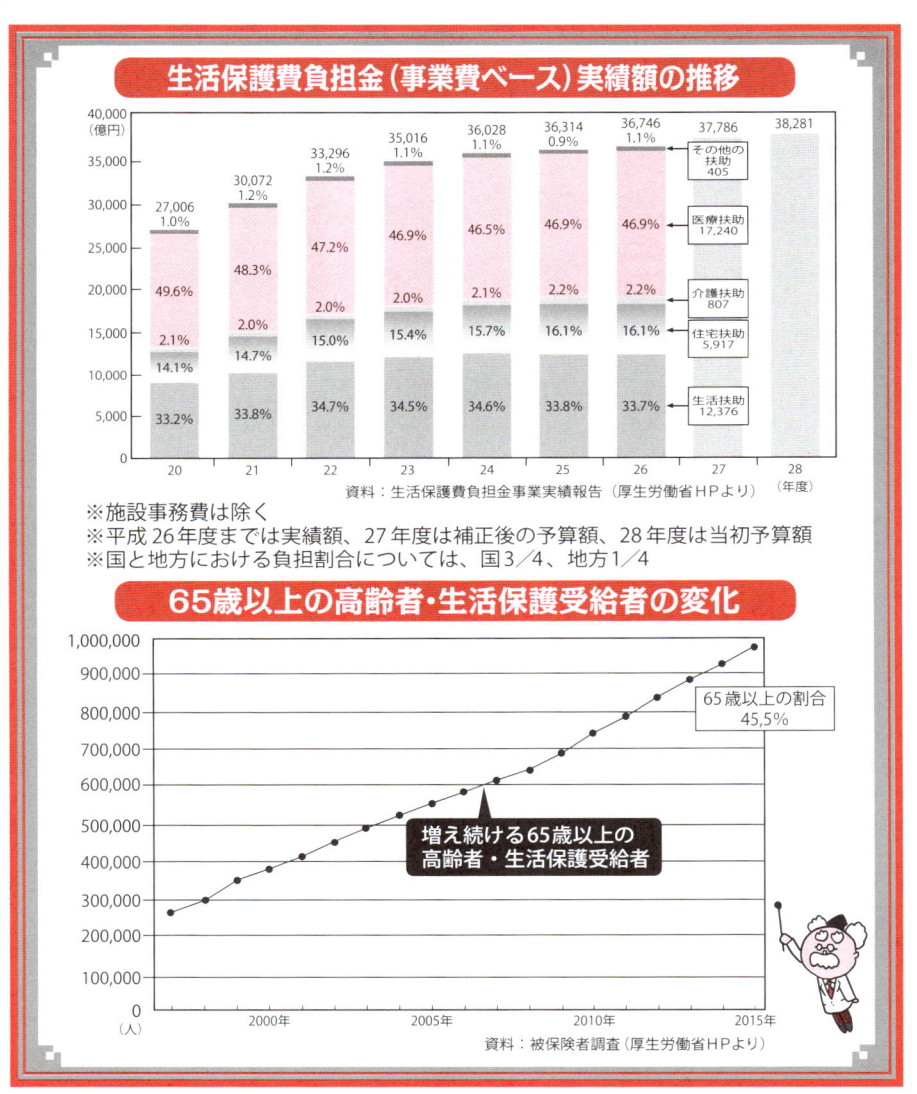

# ④ なぜ家賃年収7千万円の家主は危ないのか？

書店の不動産投資本コーナーに行くと、「家賃年収7千万円」などと自慢するサラリーマン大家さんの書籍が並びます。しかも不動産投資に乗り出してわずか数年で「資産10億円」などと豪語する人もいるのですから驚かされます。こういう書籍が沢山あるせいか、「かぼちゃの馬車」のシェアハウス投資詐欺とか、「頭金ゼロ円・土地がなくてもアパート経営で老後資産作り」などの宣伝に引っかかる人も後を絶ちません。

不動産投資は、出口に到りはじめて成功です。たとえ、**利回り7%の一棟マンション投資を行って家賃年収が7千万円あろうと、ローン返済後の年間キャッシュフローが31・6%では、年間2212万円の収支にすぎません。**

この2212万円から経費を差し引いた所得は1700万円程度なので、税引き後の実質手取りは1100万円程度になり、10億円の実質利回りはたったの1・1%で低すぎます。こうした人々については、〝借金自慢〟としか思えませんが、キャッシュフローが会社員の年収を超えたからといって退職し、「金持ち大家さん」気取りの人が多いのが気がかりな点なのです。35年で組んだローンを完済して初めて純資産10億円といえますが、メガ大家気取りの人の中には、債務超過の返済途上の人であるケースが多いのです。

今後の空室増加で入居率が下がったり、変動金利で金利が上がれば破綻に近づきます。**資産といっても、大半が負債なのでは純資産とは呼べず、「借金まみれ状態」に他ならないからです。**

不動産投資は投資額が大きくなるため、ローンが欠かせませんが、過大な借金は長期にわたるリスク大で出口を失わせるだけだからです。

## メガ大家さんを羨《うらや》んで目指すのは危険！

私には年間家賃収入が7000万円もあります。
マンション10棟、110室所有で
総資産は10億円です！（本当は負債10億円！）

月間家賃収入だけで583万円です。給与収入をはるかに上回るため、会社も辞めて悠々自適の生活です

ところが実態は…

- マンションローン10億円借入
- 年間返済額 4788万円（3.25% 35年）毎月返済 399万円
- 年間キャッシュフローは2212万円（返済比率68.4%の場合）

ここからコストや税金でさらに圧縮される！

### 危険なリスク

- 空室率の上昇で返済ピンチに！
- 変動での借り入れだと金利上昇でピンチに！
- 地震で損傷のリスク！
- 自殺や事件・事故で空室拡大のリスク！

### 経済豆知識

莫大な借金での不動産投資は利回りが肝ゆえ、ほとんどが中古物件投資です。利回り15％の家賃収入と借入金利3・5％なら11・5％のギャップが生まれます。これを使ったマジックなのです。

# 5 なぜ日本は円高を警戒し円安を歓迎するのか？

**日本政府は、米国のドルに対して円高を嫌う一方、円安を歓迎します。**円安になれば、日本製品が割安となるのでよく売れ、輸出が伸びて株高にもつながるからですが、反対に輸入品は高くなってしまい消費者にとってはマイナスです。

海外旅行に出かける際にも円安だと、海外での買い物が割高になります。

日本の通貨が、外国の通貨に対して高くなったり、安くなったりするのは、なぜでしょうか。

為替《かわせ》レートは、外国為替市場での通貨の交換売買で成立する価格のことです。銀行間の取引市場（インターバンク市場）であり、世界中が24時間ネットでつながった市場です。国と国との間で貿易や金融取引が行われると、代金決済の必要が生じます。世界で最も流通している通貨は米ドルで、次いでユーロになります。かつて為替レートは1ドル360円の固定レートで交換されていましたが、1973年2月以降は現在の変動相場制に移行しています。固定レートだと、通貨の需給バランスが安定せず、国際収支上の不公平が生じがちだったからです。為替レートを決めるのは、主に各国の金利水準になります。米国の金利が高くなると、米ドルで運用したほうが有利なので、米ドルが買われてドル高になります。日本は異次元緩和を続けて超低金利ゆえに、円安に傾きがちです。

他にも、円安で輸出が伸びると、稼いだドルを円に換える動きから、貿易収支の黒字が嵩むほど円高になりがちでした。

**近年では急な為替レートの変動を避けるべく、為替予約により先物で変動を押さえたり、海外で稼いだドルを円に交換せず、海外で運用するなどでショックを緩和する動きも盛んになっています。**

## ドルに対する円の為替レートの推移

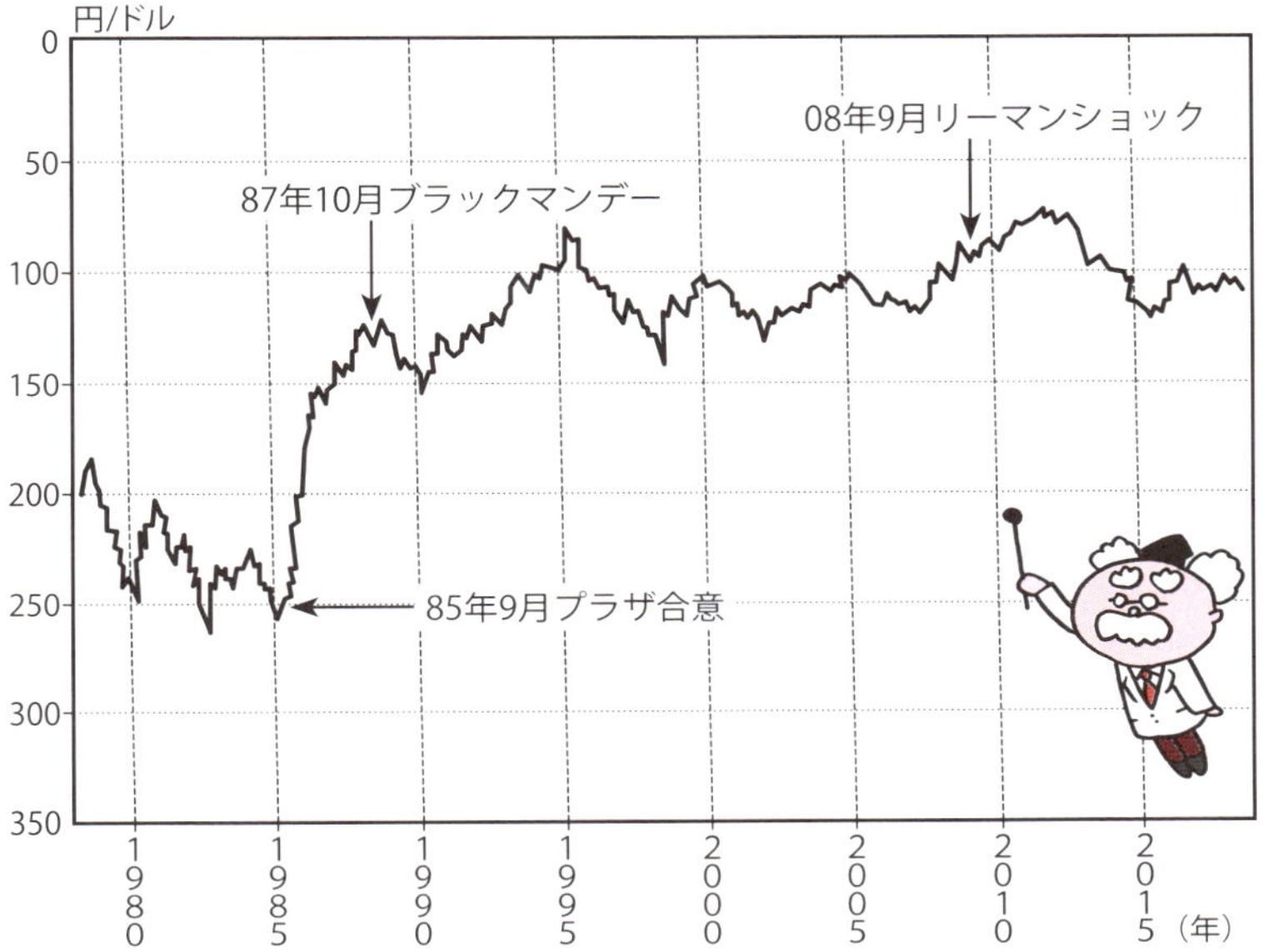


ドルの為替レートはかつて固定相場制で360円でしたが、1973年の変動相場制以降は各国の金利水準の変化により変動しています。

円安になると株価は上昇する傾向にあります。
それは日本の貿易収支と大きな関係があります。
輸出が伸びる円安は、日本にとって有利だからです。

### 経済豆知識

71年のニクソン・ショック後、1ドル360円の固定相場は308円になり、73年以降は変動相場制で概ね250～300円のレンジでした。85年の「プラザ合意」後160円を切り急速に円高になります。

# ⑥ なぜ日本のGDPは伸び悩んでいるのか？

**GDP（国内総生産）は、日本国内で新たに生み出された付加価値の総和です。日本国内でモノやサービスがどれだけ生み出されたかの尺度です。**

ところが、左表の通り、日本のGDPは90年代後半から、ほとんど伸びずに一進一退で、ほぼ500兆円どまりで停滞しています。米国や中国の伸びが著しいのは、一目瞭然ですが、ドイツやフランス、イギリスなども伸びは緩やかながらも成長を続けています。この傾向は一人当たりGDPの伸び率でも同様なのです。

日本だけが停滞しているために、95年にはGDPの世界シェアで18％も占めていたのに、18年の予測シェアではたったの5・2％にまで縮小しています。経済成長がほとんど止まっていることが窺《うかが》えますが、原因は何でしょうか。一つには、GDPの6割を占める国内消費が、デフレで盛り上がらないことが挙げられます。

これは、実質賃金が増えないことと関係しています。消費税率の上昇も可処分所得を減らすのに寄与しました。国民の懐《ふところ》がどんどん寂しくなってきているわけです。また、15歳から65歳未満までの生産年齢人口の縮小も大きいでしょう。

80年代の勤労者は年間2000時間も働いていましたが、今では1800時間程度と働く時間も大幅に減っています。かくして日本のGDPは伸び悩むようになったのです。近年貧乏になった日本人は、リサイクル需要旺盛で、メルカリなどのフリマアプリを生み出しましたが、古物売買は新しい価値を生み出したことにはならないため、仲介手数料はカウントされても、GDPには算入されません。結局**人口減少とともに、日本のGDPは縮小する運命でしかないのかもしれません。**

## 主要各国の名目GDPの推移

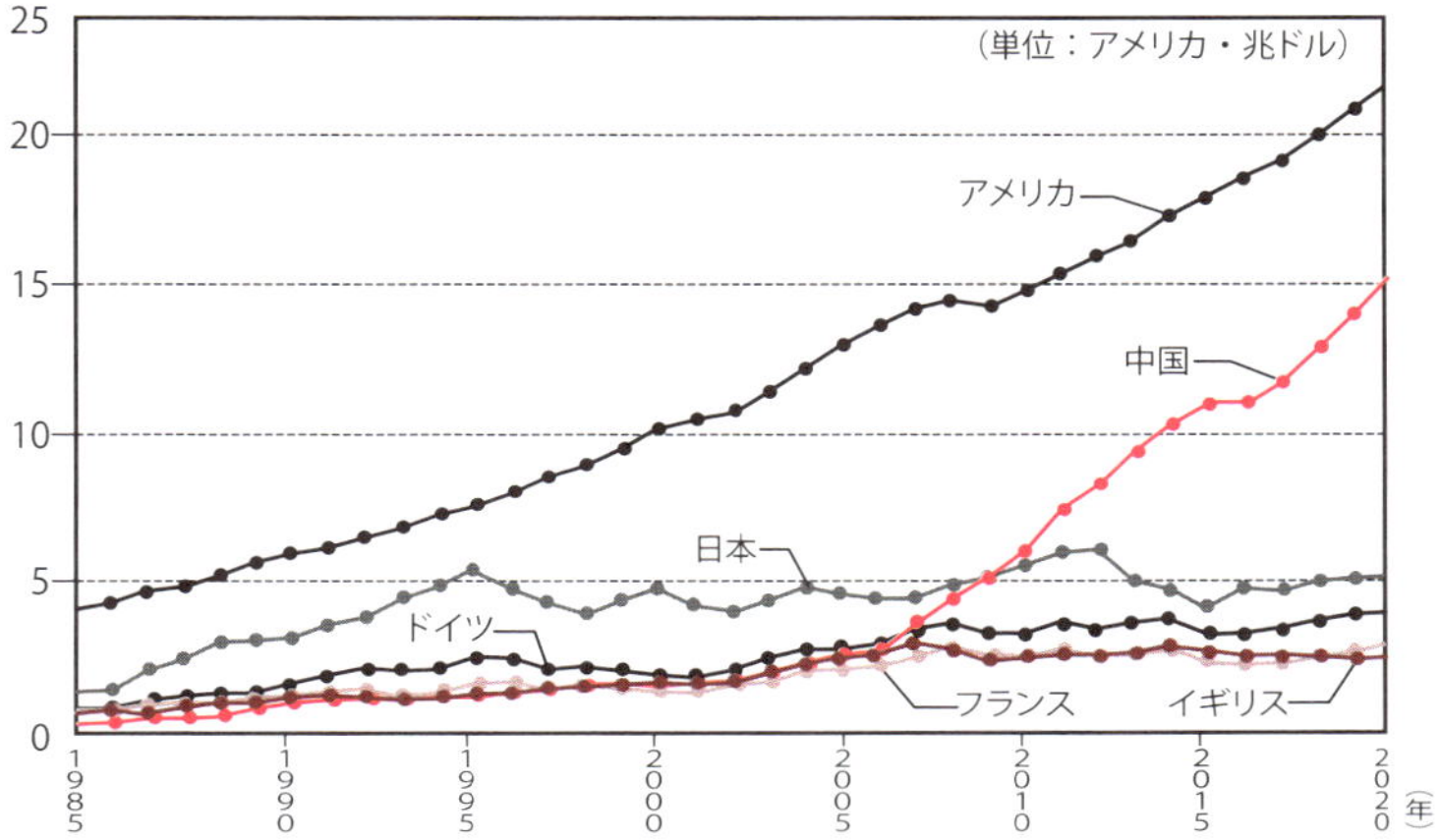


## 実質賃金指数

（事業所規模５人以上）　　　　（2015年平均＝100）

| 年　月 | 現金給与総額 | | | |
|---|---|---|---|---|
| | | | 決まって支給する給与 | |
| | | 前年比（%） | | 前年比（%） |
| 2005年 | 110.3 | 1.0 | 108.7 | 0.8 |
| 2006年 | 110.2 | 0.0 | 108.2 | -0.4 |
| 2007年 | 108.9 | -1.1 | 107.6 | -0.6 |
| 2008年 | 106.8 | -1.8 | 105.6 | -1.8 |
| 2009年 | 104.3 | -2.6 | 104.9 | -0.8 |
| 2010年 | 105.6 | 1.3 | 106.1 | 1.1 |
| 2011年 | 105.7 | 0.1 | 105.9 | -0.1 |
| 2012年 | 104.8 | -0.9 | 105.7 | -0.2 |
| 2013年 | 103.9 | -0.9 | 104.2 | -1.4 |
| 2014年 | 101.0 | -2.8 | 100.8 | -3.4 |
| 2015年 | 100.0 | -0.9 | 100.0 | -0.7 |
| 2016年 | 100.7 | 0.7 | 100.3 | 0.3 |
| 2017年 | 100.5 | -0.2 | 100.1 | -0.2 |
| 2017年　Ⅰ期 | 86.3 | -0.1 | 99.9 | -0.3 |
| Ⅱ期 | 103.5 | -0.1 | 100.5 | -0.1 |
| Ⅲ期 | 96.5 | -0.6 | 100.1 | -0.2 |
| Ⅳ期 | 115.3 | -0.1 | 99.7 | -0.3 |

※実質賃金は、名目賃金指数を消費者物価指数（持家の帰属家賃を除く総合）で除して算出（厚生労働省の資料より）

## 経済豆知識

ゴールドマンサックスの統計では、2030年のＧＤＰは中国、米国、インド、日本の順になり、2050年には中国、米国、インド、ブラジル、インドネシア、メキシコ、ロシア、日本の順になります。

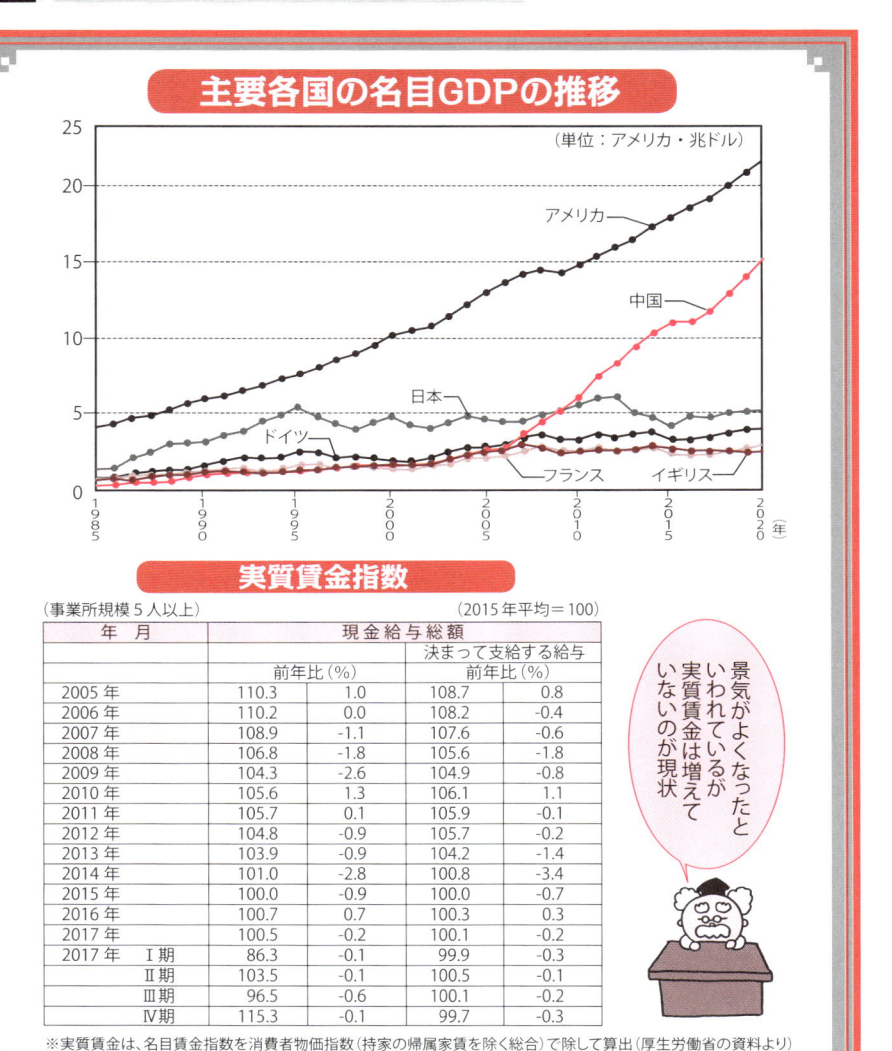

# 7 なぜ3メガバンク体制が生まれたのか？

**日本は１９８０年代後半のバブル景気を経たのち、90年代に入るとバブル崩壊の後始末で金融業界は大混乱に陥ります。**銀行は、保有株価や地価の下落で膨大な不良債権を抱え、生き残りに必死となります。土地本位制のお気楽な甘い審査で融資をしたツケが一気に噴出したのでした。証券業界では損失補てんの横行や、巨額不正取引の損失隠しなどが明るみに出ます。政府日銀や当時の大蔵省と金融機関の馴れ合いも問題となり、金融業界はこれまでの保護政策から競争原理への転換を迫られます。それが**日本版の金融改革「金融ビッグバン」の始まり**でした。93年のＢＩＳ規制適用スタート、94年の金利自由化、99年の株式売買手数料の自由化、02年のペイオフ解禁に向けた準備開始、04年の銀行の証券仲介業への参入解禁など、大規模な改革が次々と行われたのです。このため、競争激化の金融業界では経営統合で資産規模を拡大し、信用力を強化する必要に迫られます。規模の拡大は、従業員1人当たりのコストさえ下げれば利潤も上がります。同一地域に重複する支店を統合すれば効率化も図れます。

**取引先や得意業務の相違をうまく生かせば、競争力の強化にもつながるのです。こうした思惑から、金融持ち株会社の傘下に4大金融グループが生まれ（三菱東京、三井住友、みずほ、ＵＦＪ）、りそなや中央三井トラストとともに6グループに再編されたのです。**しかし、03年の金融庁検査により、ＵＦＪグループでは不良債権隠しが発覚したため、経営改善が見込めないと判断されます。

結局、ＵＦＪは、05年10月に三菱東京グループに統合され、現在の三菱ＵＦＪ、三井住友、みずほの3メガバンク体制となったのでした。

## 3大金融グループ形成（再編略図）

### ＜三菱ＵＦＪフィナンシャルグループ＞

- 三和銀行＋東海銀行 → 01年 UFJ銀行
- 東京銀行＋三菱銀行 → 98年 東京三菱銀行
- UFJ銀行＋東京三菱銀行 → 05年 **三菱東京UFJ銀行**

※2018年4月から三菱UFJ銀行になる

**＜グループ会社＞**
三菱UFJ信託銀行
三菱UFJ証券
三菱UFJ投信
三菱UFJニコス
ジャックス
菱信デーシーカード
アコム
DCキャッシュワン
モビット……など

### ＜三井住友フィナンシャルグループ＞

- 太陽神戸銀行＋三井銀行 → 90年 太陽神戸三井銀行
- 92年 さくら銀行
- さくら銀行＋住友銀行 → 01年 **三井住友銀行**

**＜グループ会社＞**
三井住友カード
三井住友ファイナンス＆リース
ＳＭＢＣフレンド証券
日本総合研究所
大和証券ＳＭＢＣ
プロミス
……など

### ＜みずほフィナンシャルグループ＞

- 富士銀行＋第１勧業銀行＋日本興業銀行 → 00年 **みずほ銀行**

**＜グループ会社＞**
みずほコーポレート銀行
みずほ信託銀行
みずほ証券
みずほインベーダーズ証券
新光証券
みずほ総合研究所
……など

（日本長期信用銀行）
→**新生銀行**（2000年６月〜）
（日本債券信用銀行）
→**あおぞら銀行**（2001年１月〜）

**異業種からの新規参入組**

- イトーヨーカ堂 → **セブン銀行**（2001年５月）
- ソニー → **ソニー銀行**（2001年６月）
- インターネット専業 → **イーバンク銀行**（2001年７月）

……など

**経済豆知識**

17年末の総資産で見た世界の銀行ランキングでは、中国工商銀行、中国建設銀行、中国農業銀行、三菱UFJフィナンシャルG、中国銀行、JPモルガン・チェース、HSBCの順になります。

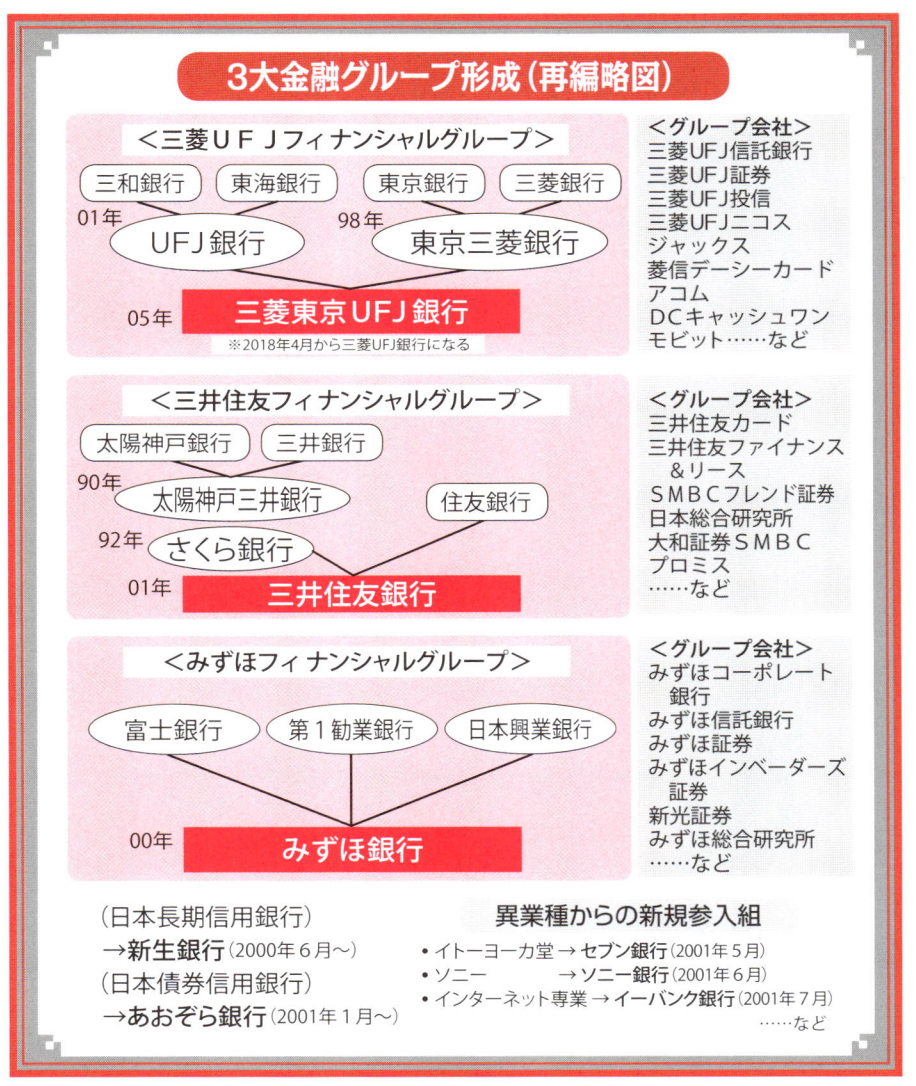

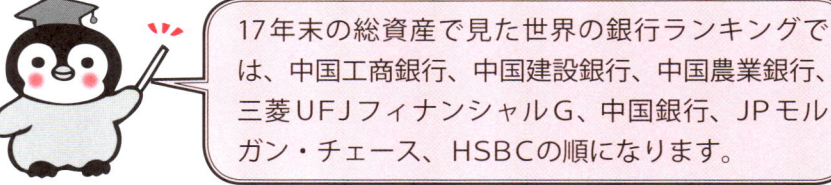

# 8 なぜインフレとデフレは起こるのか？

景気がよい時は、モノがよく売れ、世の中の金回りがよい状態です。**需要と供給のバランスでいえば、需要が強いためモノの価格も上がりやすく、この状態が過熱すると物価が上昇します。すなわち、これがインフレです。**通貨がモノより弱くなるため日銀は金利を引き上げ、世の中からお金を吸収します（金融引き締め）。インフレの要因は主に2つです。モノの供給が需要の高まりに追いつけずに起こる「ディマンド・プル・インフレ」と、モノの生産コストの上昇で起こる「コスト・プッシュ・インフレ」です。先進国では後者が多く、人手不足で人件費コストが上昇したり、原材料の奪い合いからコストが上昇します。コストを商品価格に転嫁することで価格も上昇するのです。

いっぽう、デフレはこの逆です。戦後の日本では、高度経済成長期はインフレ経済が長く続きました。80年代後半のバブルが弾け、90年代の崩壊過程に入ってから、日本はデフレに陥ります。

**インフレと異なり、お金の価値が上がり、モノやサービスの価値が下がる現象です。需要と供給のバランスでいえば需要が弱く、企業はモノやサービスが売れないために価格を下げて対処します。**

モノやサービスが売れないと価格はジリジリ下がります（デフレ・スパイラル）。そのしわ寄せは従業員にも及び、賃下げや解雇にもつながります。

アベノミクスは、世の中をインフレにすれば、景気がよくなるという理屈で始まった政策です。犬は嬉しいと尻尾を振るので、尻尾を無理やり振らせれば犬も喜ぶだろうというアベコベ論理です。ゆえに日銀は異次元緩和で世の中に大量のお金を供給しています。しかし、インフレは起きず、ゼロ金利などの副作用が心配され始めています。

## インフレとデフレのカラクリ

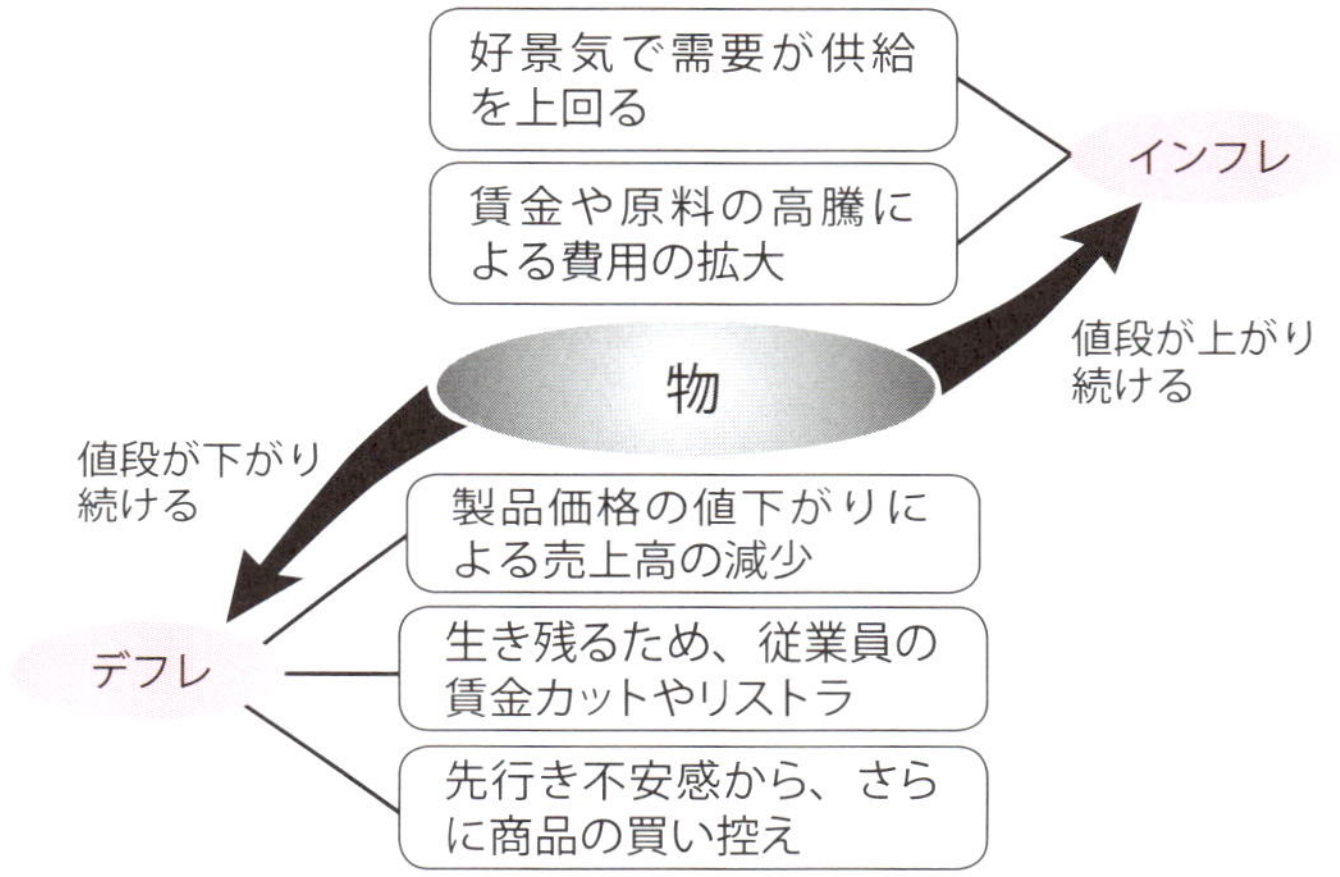


### ♠インフレ＝お金の価値が下がる

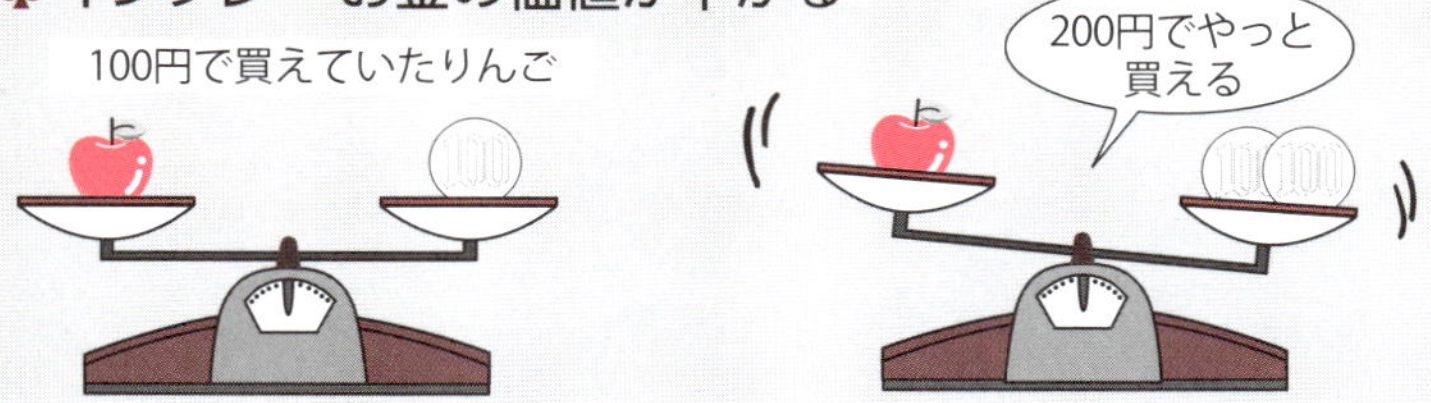


### ♣デフレ＝お金の価値が上がる

### 経済豆知識

インフレの時は銀行に預金したお金の価値が下がるため、ゴールドや不動産といった実物資産に置き換えることがインフレ対策になります。デフレの時は銀行に預金しておいても目減りしません。

# ⑨ なぜ日本の借金は膨らむばかりなのか？

**日本政府の借金総額は、２０１７年末で１０８５兆７６３７億円になりました。政府は財政赤字の穴埋めに毎年国債発行という形の借金を重ねてきたため、こんなに総額が膨らんだのです。**

ところで、このまま借金が増え続けても、国債は日本国内の円貨で消化されているから大丈夫という専門家もいます。家計の金融資産が１８００兆円あり、対外純資産も３２８兆円の金持ち国なので、心配ないという見立てなのです。

反対に、いずれ国内での買い手（金融機関など）がいなくなると国債が暴落し（金利急騰）、ハイパーインフレで超円安が襲い国家破綻するという専門家もいます。財務省でさえ、国内向けには消費税を上げたいために財政の危機感を煽り、海外向けには日本の財政は健全とアピールする二股ぶりで、いったいどちらが正しいのでしょうか。

しかしながら、このまま際限なく借金総額を膨らませてよいのかといえば、ＮＧなのです。

借金のＧＤＰ比率は２０１８年時点で、敗戦直後の２００％を上回る２３６％となっています。

世界の歴史を見ても、永遠に借金を増やし続けた国はありません。いずれかの時点で国家の信認が失われ、ハイパーインフレに見舞われたり、通貨暴落といった不測の事態を招いているからです。

**日本でも、敗戦後の占領下、急激なインフレで戦時国債は二束三文の紙くずになりました。そのうえ政府は、新円切り替えでの預金封鎖や金融資産課税の導入で国民の財産（預金や土地）を奪うことで財政を立て直した前歴さえあるのです。**

政府が「プライマリーバランス」（財政収支）の黒字化を真剣に考えないと、「いつか来た道」を辿ることになるからです。

## 主要国のGDP比　債務残高

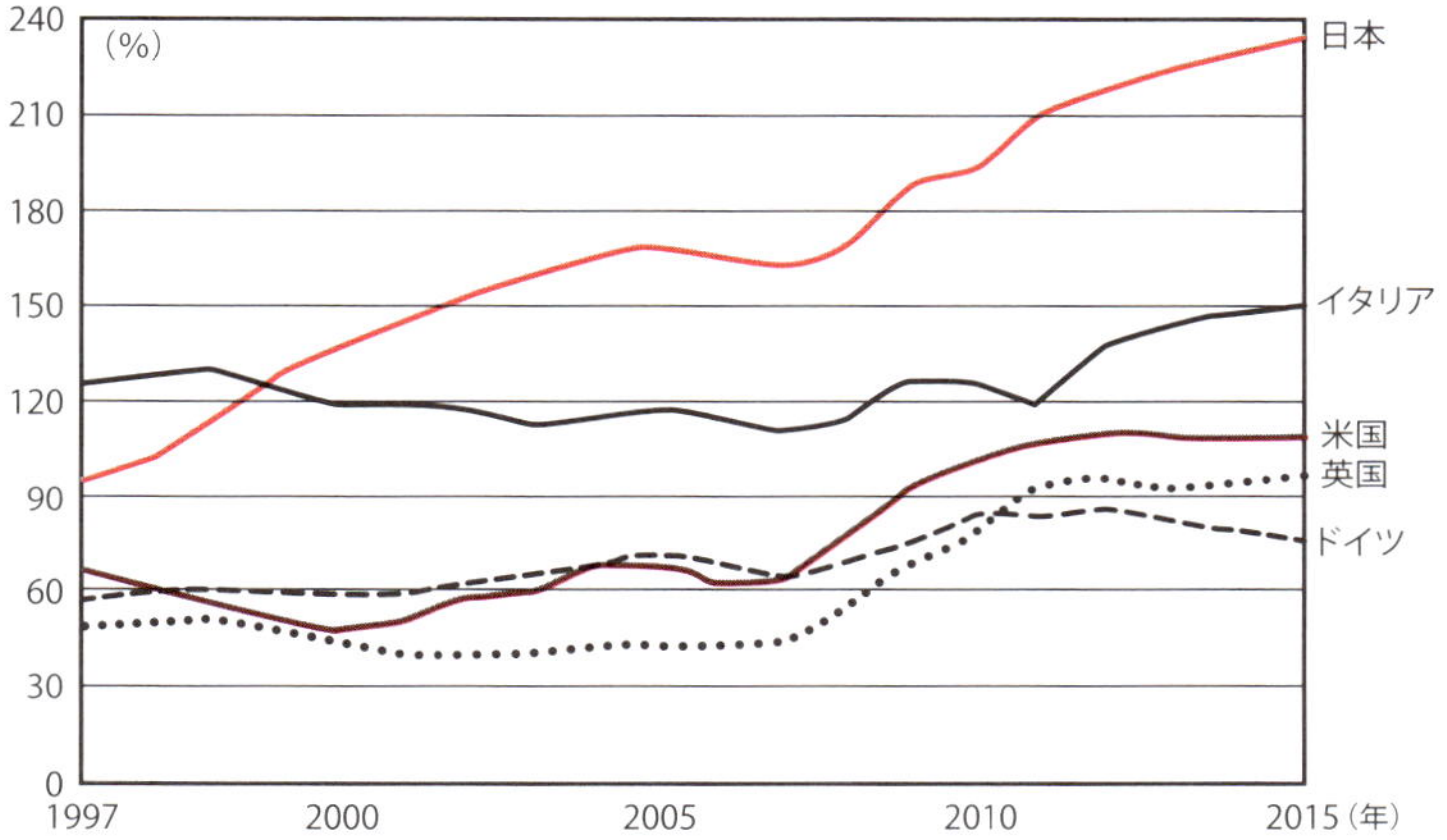


## 主要国の対外純資産（2017年末）

| | |
|---|---|
| 日本 | 328兆4470億円 |
| ドイツ | 261兆1848億円 |
| 中国 | 204兆8135億円 |
| 香港 | 157兆3962億円 |
| ノルウエー | 100兆3818億円 |
| カナダ | 35兆9305億円 |
| ロシア | 30兆2309億円 |
| イタリア | ▲15兆5171億円 |
| イギリス | ▲39兆6540億円 |
| フランス | ▲62兆4874億円 |
| アメリカ | ▲885兆7919億円 |

### 経済豆知識

もし日本がハイパーインフレになれば、日本円を持っていても意味がありません。そういう時は、ドルやユーロといった外貨を持つことが大事です。ゴールドやダイヤモンドなどの現物も有効です。

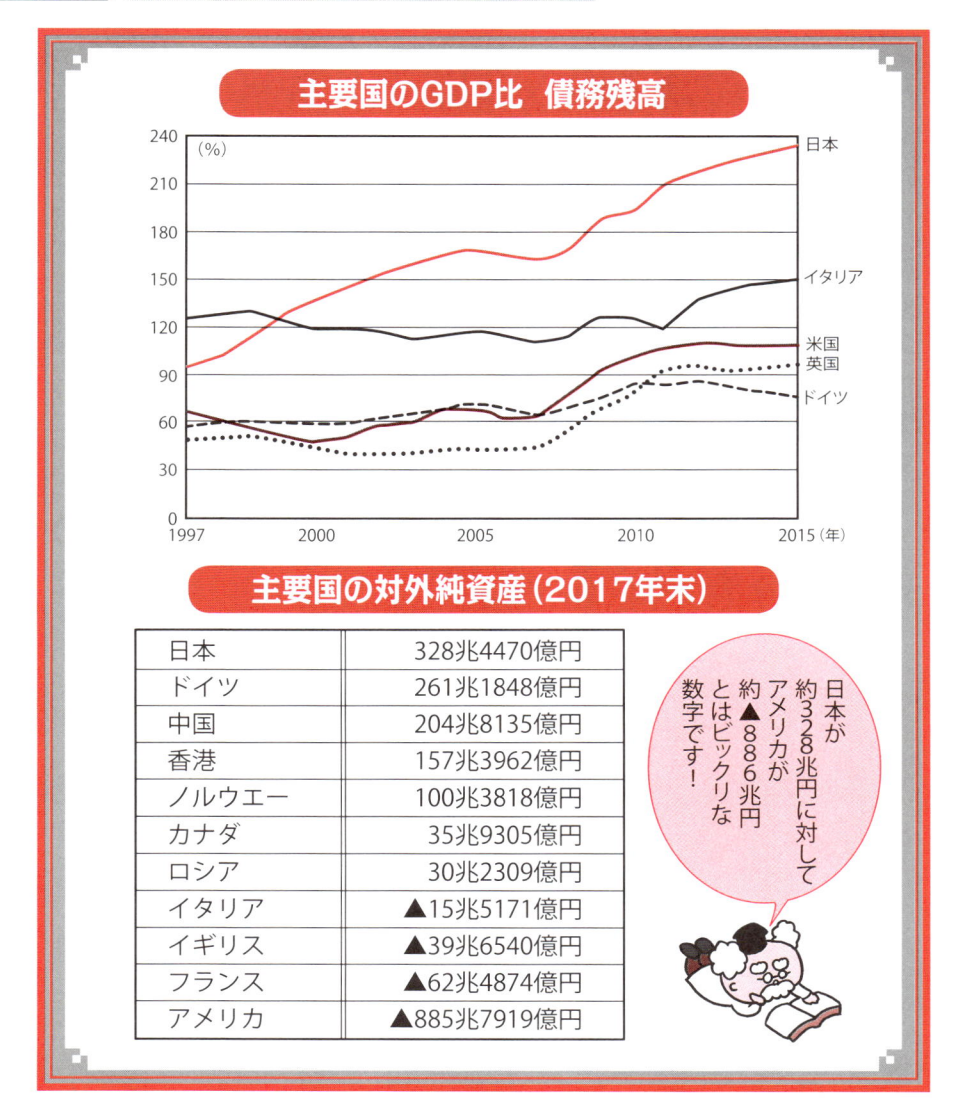

# 10 なぜマイナンバー制度が始まったのか？

２０１３年５月に安倍政権下で成立した「マイナンバー法」は、15年から個人番号通知カードを配り、16年1月から税金（所得税・住民税）、社会保障（年金・健保・雇用）、災害（被災者台帳作成）の3分野に限り、「紐《ひも》付け」としての運用開始でした。自治体に個人番号の申請を行えば、身分証代わりの写真入り個人番号カードも交付されます。

**この制度は、かつて何度もとん挫した「国民総背番号制度」の導入に他ならず、２０１２年に民主党政権が提出した法案（解散で廃案）をベースに安倍政権が成立させたものです。**「マイナンバー」などと親しみやすい名称ですが、「国民監視制度」のスタートに他ならない悪法です。安倍政権は、他の先進国でも共通番号制度が導入されているような印象操作を行って成立させましたが、とんだまやかしです。米国では、税と社会保障のみ限定の上での選択制です。それでも情報漏洩《ろうえい》や成りすまし犯罪を急増させます。イギリスは、06年に任意加入でＩＤカード制を始めましたが、政権交代でプライバシー侵害の悪法として廃止です。ドイツやイタリアは税務識別のみの共通番号です。

日本のように預金とリンクさせたり、これから様々な分野の「紐付け」を増やす狙いが透けて見えるのは、日本のマイナンバー制度だけなのです。

すでに閣議決定によって、18年1月から預金口座へは任意でのマイナンバー提示を求められます。3年後には強制です。今後は不動産の登記情報、医療情報、勤務先や戸籍、家族構成といった個人情報との「紐付け」も視野に入ってくるはずです。**要するに行政サービスの向上などではなく、政府が財政破綻時に国民の財産を奪うための「預金封鎖・金融資産課税」の下準備といえるのです。**

## マイナンバーは国民監視制度のスタート！

### 恐ろしい将来の利用

最初は…… 税金 / 社会保障 / 災害

↓ やがて

紐付けは拡大する！

預金通帳

↓ 将来

不動産登記 / 健康保険 / 医療情報 / 医療情報

戸籍 / 住民票 ……などなど

★国民の個人情報を丸裸にしてしまう！
★情報漏洩や成りすましの犯罪増へ！

マイナンバー制度は、国民ひとりひとりを監視するシステムです。個人のプライバシーをすべてさらけ出さなければならない制度なのです！

### ひとくちメモ

マイナンバーの取り扱いを巡っては厳しい罰則規定があります。しかし、どんなに罰則を厳しくしても、そこに人間が関わる以上、情報漏洩は起き被害が出ます。その時こそ存廃を考える時機です。

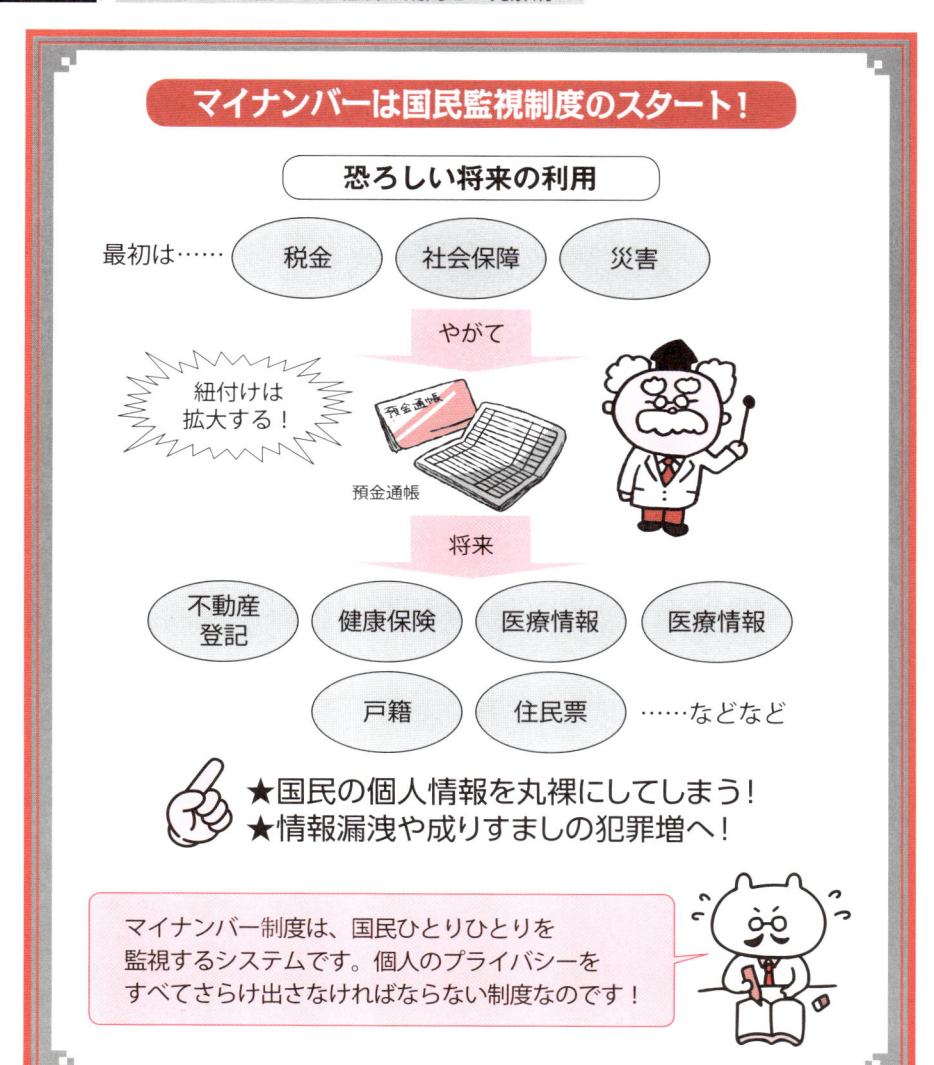

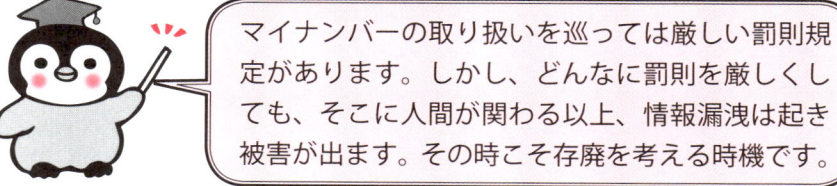

# なぜ空室の目立つボロアパートが取り壊されずに建っているのか？

町を歩くと、築年数の古いボロアパートをしばしば見かけます。雨戸が閉まっている部屋も多く、空室もかなり目立つのに、汚れたままに放置されている物件です。ボロアパートの管理と募集を任されている不動産屋は、家主に再三申し入れるでしょう。「もっと家賃を激安にするか、もう少しリフォームしてキレイにしないと、入居者も決まりませんよ」という提案になります。管理と募集を任されている不動産屋は、入居者がいないと、その部屋の管理費の5％がもらえないし、リフォームを依頼されれば業者のコストに上乗せして家主に請求できます。ボロアパートなのに、激安でもない中途半端な家賃では借りてくれる人もいないので、不動産屋にとっては迷惑な「お荷物物件」となります。近頃、こういう家主も少なくないので不動産屋泣かせなのです。

なぜ、大して家賃も入ってこないのに、ほったらかしの家主が多いのでしょうか。**一つには、アパートですでに十分に元を取ったことが挙げられます。**

**さらに、今のアパートを取り壊し、新しいアパートを建てるのはリスク大だからです。**たとえボロアパートでも、まだ何人かの入居者がいるはずです。

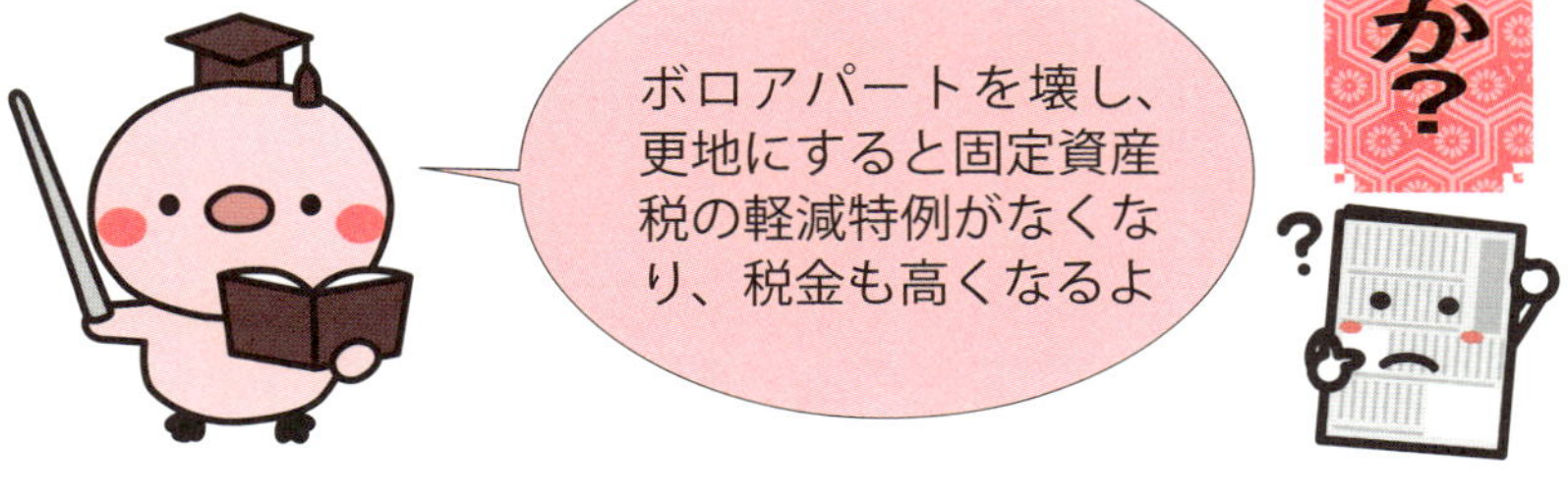
ボロアパートを壊し、更地にすると固定資産税の軽減特例がなくなり、税金も高くなるよ

こうした入居者への立ち退き交渉は厄介です。立ち退き料や引っ越し代を請求されたら家主の懐も激しく痛みます。ましてや新しいアパートを建てるとなると、これからの時代、入居者確保も難しくなります。新築時だけプレミアムで入居者確保ができても、3年〜5年経てば家賃も下げていかなくては募集困難になります。そういうことを考えると、このまま放っておきたくなるのです。

しかも、万一取り壊して更地にしたら、子供に相続する時、節税になる「貸家建付地」の評価がなくなってしまいます。**更地のままでは土地評価は路線価で概ね時価の8割程度ですが、「貸家建付地」評価なら、時価1億円の土地でも6500万円ほどの圧縮評価になるからです。**ただし、税務署から完全空室認定されるとその分が減額されます。そのため、つねに入居者募集をしているのです。

## 土地の価格と相続税

| 名称 | 概要 | 発表 | 目安 |
|---|---|---|---|
| 実勢価格 | 実際の取り引き成立価格 | ― | ・実際の価格（時価ともいう） |
| 公示価格 | 国土交通省が毎年1月1日時点の都市計画区域内の標準値について公表する正常な価格 | 毎年3月下旬 | ・正常価格（100％が建前）<br>・実勢価格の90％程度 |
| 基準地価 | 都道府県知事が毎年7月1日時点のあらゆる地域について発表する正常な価格 | 毎年9月下旬 | ・正常価格（100％が建前）<br>・実勢価格の90％程度 |
| 路線価格 | 毎年1月1日時点で上記3つの価格を参考にして国税庁が公表する。路線価のない地域は固定資産税の倍率になる | 毎年8月上旬 | ・公示価格の8割目安<br>・実勢価格70〜80％程度 |
| 固定資産税評価額 | 固定資産税の課税主体の市町村が、3年ごとに1月1日時点の土地価格を基準として定める | 3年ごと4月上旬 | ・公示価格の7割目安<br>・実勢価格60〜70％程度 |

### 実勢価格1億円の土地が6割の評価になるしくみ（貸家建付地のカラクリ）

※この土地に貸家（マンション、アパート、戸建）があると……

8000万円×（1－0.6×0.3×1）＝6560万円

8000万円：路線価
0.6：借地権割合
0.3：借家権割合
6560万円：コレが評価額に

※さらに小規模宅地等の特例の運用が受けられると、この評価額は半分以下までに圧縮できる

## Column
## ④
# いろいろなものが見えてくる「72の法則」！

2018年10月15日時点の日本の代表的な銀行の普通預金の利息は0.001％です。100万円を預けた場合の定期預金でも１年・３年・５年とも横並びで0.01％です。これがどれぐらいショボイ金利かといえば、「72」の数値から、これらの金利の数値を計算してみるとわかります。72÷0.001＝72000であり、72÷0.01＝7200となります。

これが何を意味するかといえば、元本が複利計算で何年で２倍になるかの答えです。普通預金だと７万2000年、定期預金でも７千200年かかるのです。

逆にいえば、年利7.2％の複利なら、元本が２倍になるのに10年です（72÷7.2＝10）。半分の年利3.6％なら、同様に２倍になるのに20年かかるのです（72÷3.6＝20）。この「72の法則」を覚えておくと大変便利です。7.2％より大きい利回りなら、10年以内に元が取れることがわかるからです。投資の時に、簡単に暗算してみるのに使えます。

第5部

問題点

# 日本が直面している経済の危機

# ① 日本の格差社会の現状とその問題点！

格差社会とは、収入や財産などで人々の間に序列が生じ、富裕層と貧困層といった階層が明確に分かれ、固定化していく社会のことをいいます。

日本では戦後の高度経済成長期である1970年代に、日本人の大多数が中間層の一員という認識がもてた「一億総中流社会」という幸せな時代がありました。

しかし、80年代後半のバブル経済が崩壊し、経済的危機に陥った90年代を通じて、経済のグローバル化の進展とともに格差社会は広がっていきました。グローバル化とは、世界中で繰り広げられる激烈な経済競争に他ならないからです。

**賃金のより低い国でのコストダウンを図った生産活動でないと世界で生き残れないわけです。**

ゆえに日本国内での企業活動においても、人件費の圧縮が急務となりました。企業は正社員を減らし、いつでも解雇できて賃金の低い非正規労働者を多く採用しコストダウンを図るようになったのです。これが、低賃金で働く貧困層を膨らませ、格差社会を形成させてきた主な原因なのです。

格差社会が問題なのは、貧富の格差が固定化してしまうことです。貧しい家庭に生まれた子供は、高等教育を受けられないため、低賃金労働者として働くことになります。貧困層の子供は一生貧困のままの人生を終えることになるわけです。

貧困が代々連鎖するのは、公正な競争も平等な機会も与えられない差別的社会といえるでしょう。

こうした格差社会をなくすには、税や社会保障の再分配政策が非常に重要になります。**格差の度合いを測る尺度には「ジニ係数」がありますが、これは0に近いほど収入が平等に分配されており、1に近づくほど不平等な格差社会を表わします。**

## 先進国のジニ係数

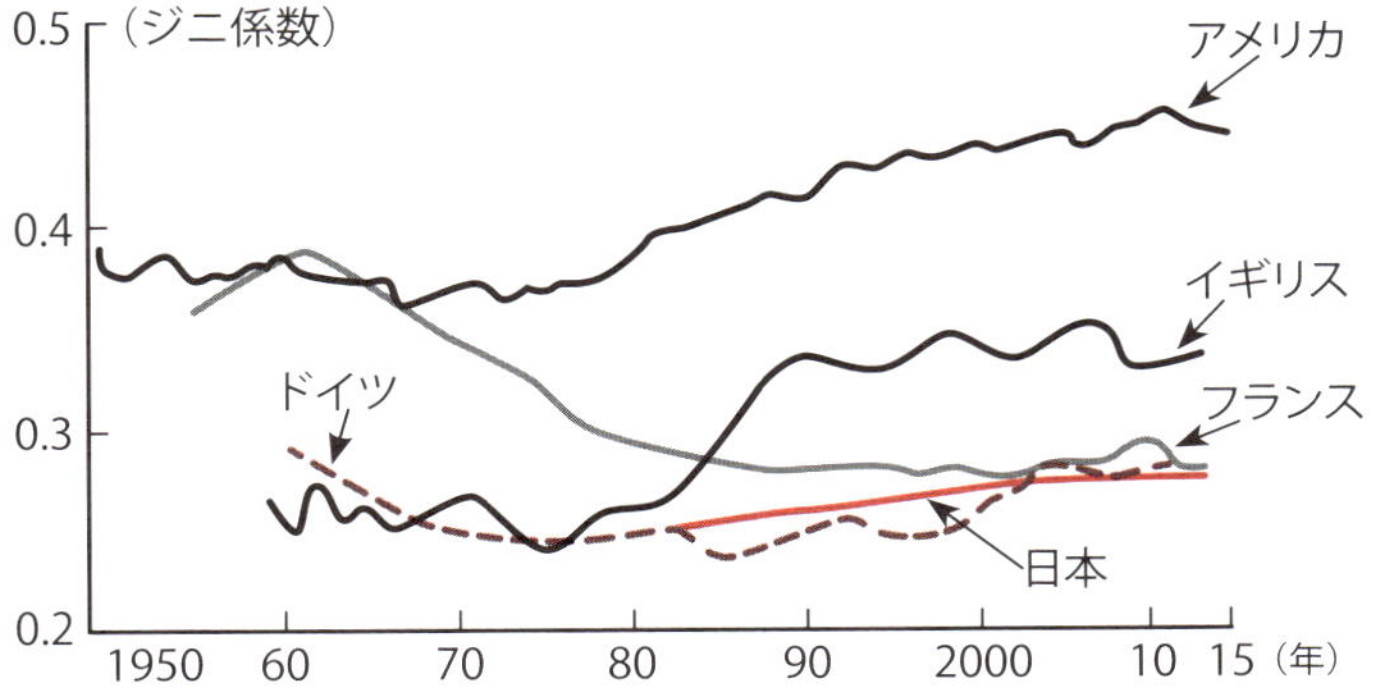


## 新興国・途上国のジニ係数

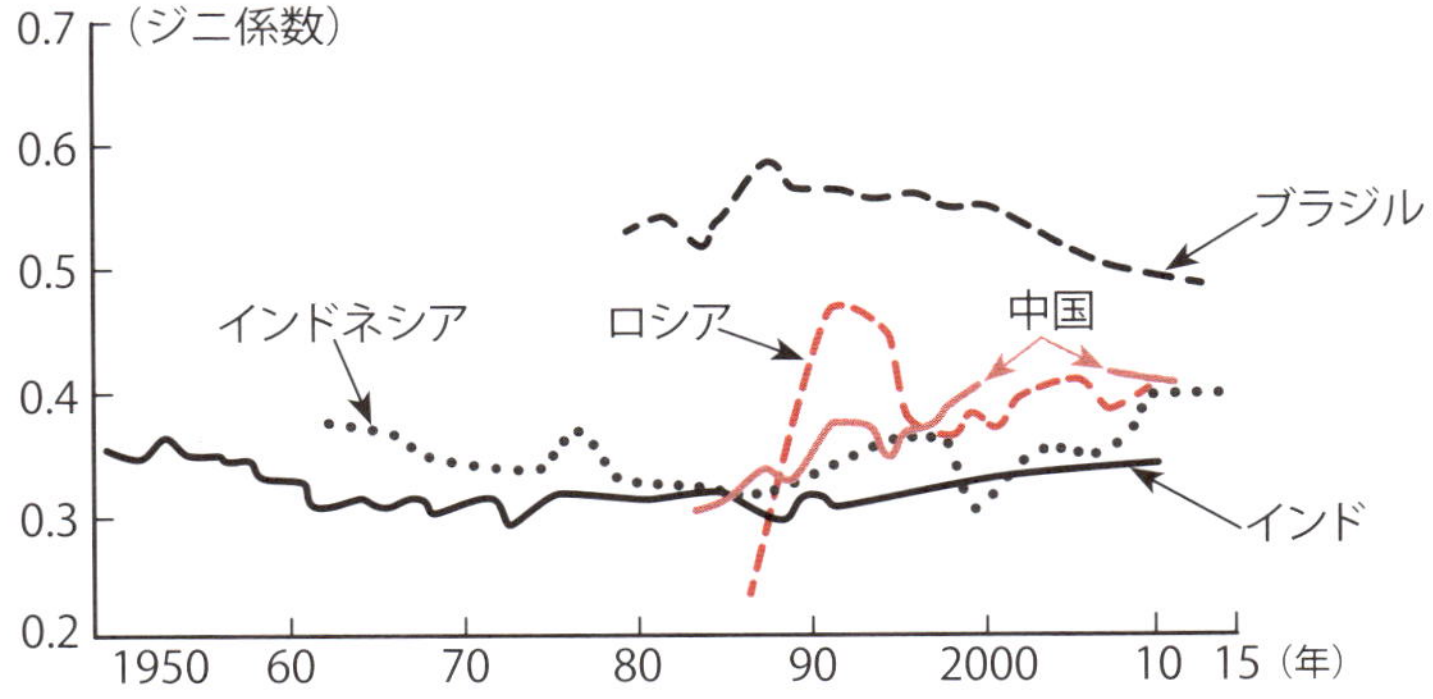

ジニ係数は0に近づくほどに収入が平等に分配されていることを示し、反対に1に近づくほど不平等な社会であることを示しています

## 経済豆知識

貧困には「絶対的貧困」と「相対的貧困」があります。前者は食べ物や住む家がないなどの最低限の生存条件を欠く状態、後者は世帯の所得が、その国の全世帯の中央値の半分未満の状態です。

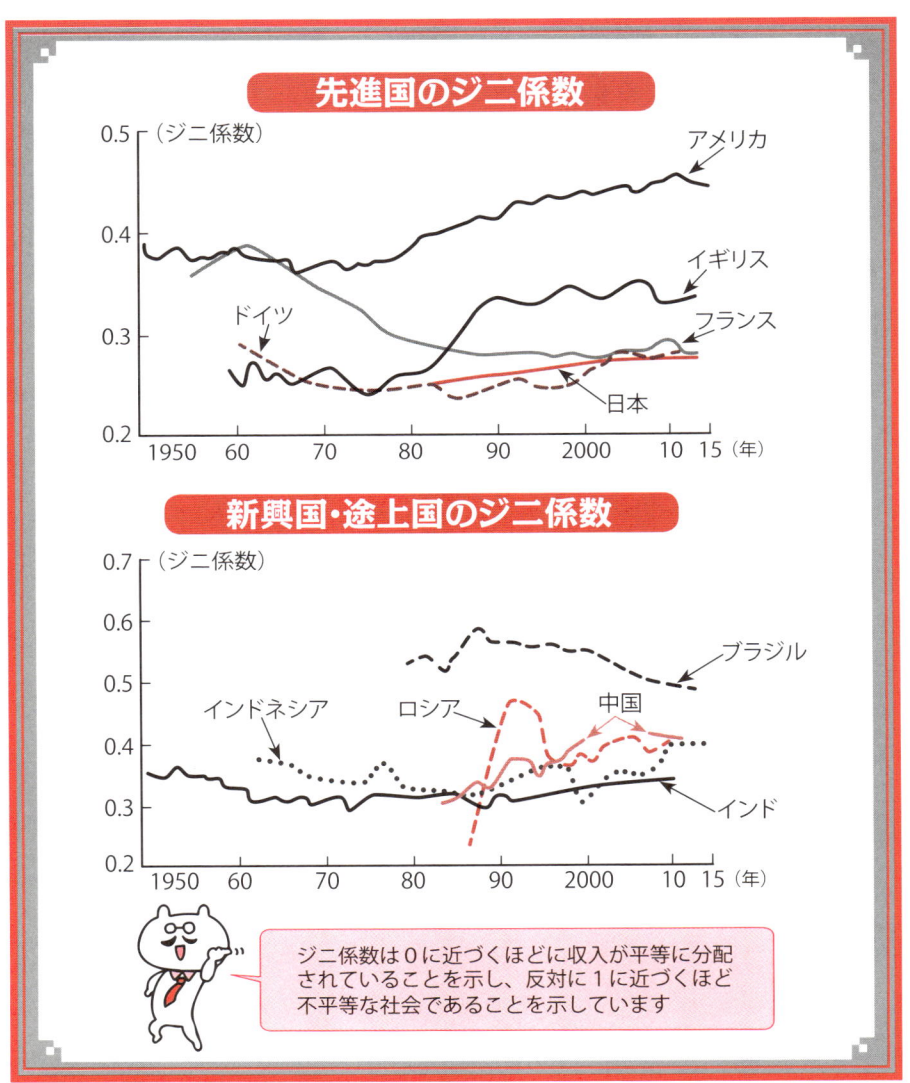

# ② 少子高齢化の日本が直面する課題とは？

**少子高齢化とは、出生率の低下で生まれてくる子供の数が減少することと、日本人の寿命が延び高齢者が増加することを指します。**日本ではこの2つの現象が同時に起こり、総人口も労働人口も年々減少しているのです。少子化の原因は、経済的要因、待機児童の問題、女性の社会進出などとの関係が深いといわれ、高齢化は、医学の進歩や食生活の向上が大きいといわれています。

2017年に生まれた子供の数は94万6千人、合計特殊出生率（女性が生涯で生む子供の数の平均）は1・43でした。死亡数は143万人なので自然増減が39万4千人の人口減少となりました。さらにこの先、人口減少は加速していきます。

日本人女性の平均寿命は87歳、男性は81歳になりましたが、1950年の女性の平均寿命は61歳、男性は58歳だったので相当長生きになったといえるのです。総人口の減少は、労働人口も減少させ、GDP（国内総生産）は縮小します。

そして、総人口に占める高齢者の比率が大きくなればなるほど社会保障費は増大します。

高齢者が増えると、年金の受給期間が延び、現役世代からの仕送り方式（賦課方式）で賄われている現行制度の年金は、過去の積立金を食いつぶし、このままでは近い将来の枯渇が懸念されるのです。したがっていずれ、年金受給開始年齢を現行の65歳から、70歳や73歳へと引き上げざるを得ず、受給額そのものも減らさなければならなくなるはずです。**高齢者の増加は日本の医療費にも直結しています。2017年度は42兆円を突破しました。医療や年金だけでなく、介護や生活保護といった社会保障費全体が膨れ上がり、今後は国民負担も増加の一途を辿ることになります。**

## 主要国の高齢化率の比較

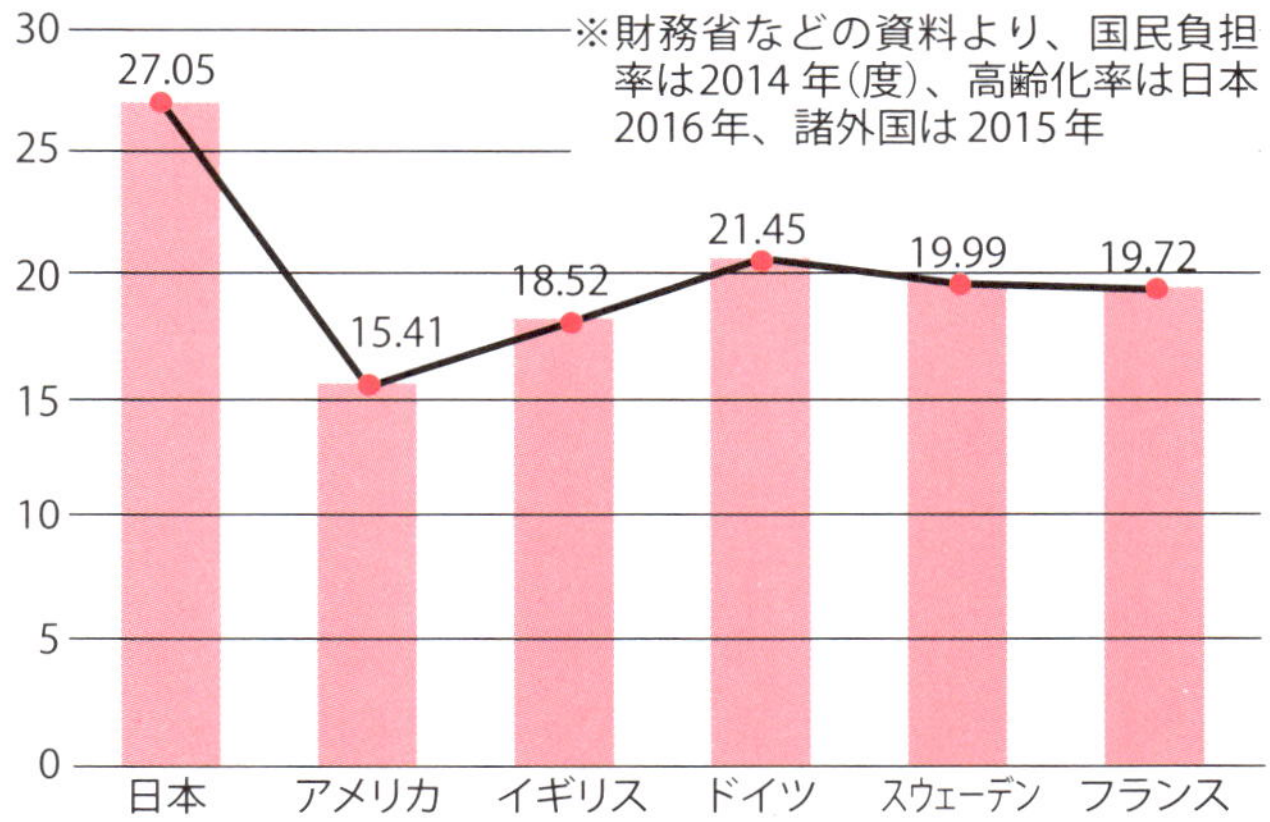

※財務省などの資料より、国民負担率は2014年(度)、高齢化率は日本2016年、諸外国は2015年

## 日本の高齢化社会の実態

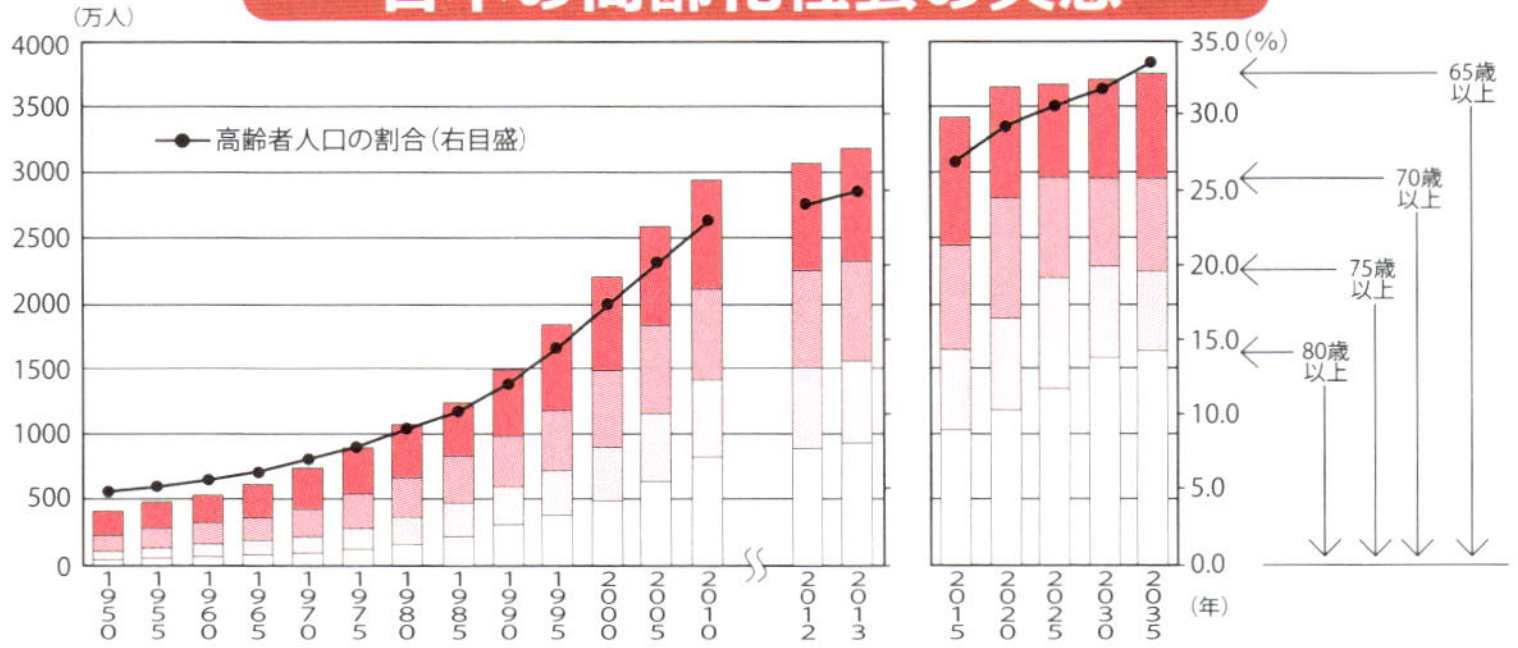


資料：昭和25年～平成22年は「国税調査」、平成24年及び25年は「人口推計」
平成27年以降は「日本の将来推計人口（平成24年1月推計）」出生（中位）死亡（中位）推計
（国立社会保障・人口問題研究所）から作成
注）平成24年及び25年は9月15日現在、その他の年は10月1日現在
出典・総務省統計局の資料

日本人は長生きをする環境が整っている。
しかし必ずしも“長生きイコール幸せ”
ではないというのも現実の話である

### 経済豆知識

2018年度の社会保障給付費は、年金・医療・福祉などの合計で121.3兆円ですが、少子高齢化でますます膨らみ、25年度は140兆円となり、40年度には188～190兆円となる見込みです。

# 3 高齢化社会で問題視される「老後破綻」

**日本が高度経済成長を続けた1970年代半ば頃には、家計貯蓄率（手取り収入に占める貯蓄比率）が20%を超えていた**こともありました。

しかし、今日では家計貯蓄率は、わずか1～2%しかありません。貯蓄が難しくなっているのです。

また、2017年の家計調査による2人以上世帯の平均貯蓄額は1812万円ですが、中央値（貯蓄額を順番に並べた時の真ん中の金額）では1074万円にすぎません。また、世帯を年代別に見た場合、どの年代でも約3割が無貯蓄世帯です。

家計調査によれば、65歳以上高齢者夫婦2人世帯の家計収支は、月額約27万円が必要で、内訳はギリギリの生活になっています。たまの外食や旅行が楽しめる少しゆとりのある生活には、月額約37万円が必要といわれています。

65歳以上高齢者の厚生年金平均受給額は、約19万円なので、月額27万円の家計収支には毎月約8万円が不足し、少しゆとりがもてる37万円の家計収支には約18万円も不足しています。

つまり、**年金だけでは老夫婦2人の生活は苦しく、その不足分を貯蓄や他の収入で補う必要があるのです。毎月8万円の不足で夫婦が65歳から85歳までの20年間だと、1920万円必要で、毎月18万円の不足だと4320万円必要です。**

これが、65歳以上夫婦2人の生活には貯蓄が3千万円必要とか、5千万円必要といわれる理由です。ただしこれは夫が厚生年金加入の場合です。

自営業者の場合、生涯収入アリが前提の国民年金だけなので、夫婦2人が別々に保険料を40年間納めても満額支給額は1人約6万5千円です。非常に少ないため、生活保護受給世帯164万の約半数が65歳以上高齢者となるゆえんでしょう。

## 年度別・家計貯蓄率の推移

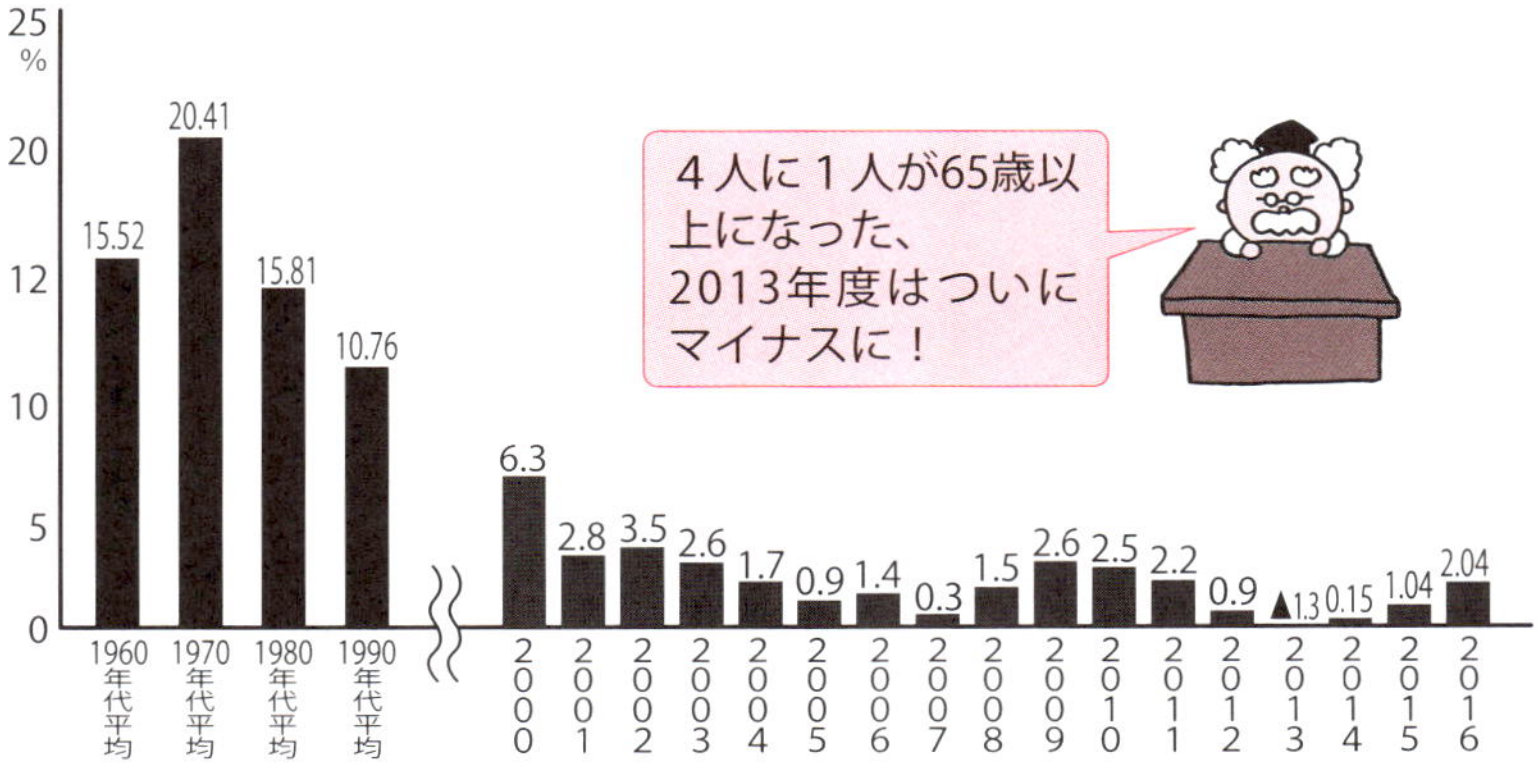


（内閣府の資料より）

## 65歳以上の高齢者　夫婦2人世帯の家計収支

必要な生活費

| 家計収支約27万円（26万8907円） | | | | | | | | | | |
|---|---|---|---|---|---|---|---|---|---|---|
| 食費 25% | 非消費支出（税・社会保険料等）11% | 交際費 12% | 教養娯楽費 11% | 交通通信費 11% | 水道光熱費 9% | 住居費 7% | 保健医療費 6% | 家事用品費 4% | 被服費 3% | その他 1% |

カツカツの生活！ゆとりのある生活には、あと10万円は必要といわれる！

| 厚生年金：平均受給額　約19万円（19万800円） | 不足額　約8万円 |
|---|---|

・貯蓄の取り崩し　6万1560円
・その他の収入　1万6547円

毎月8万円の不足 ＝ 年間96万円の不足
10年間で960万円、20年間で1920万円
30年間で2880万円が必要に！

### 経済豆知識

生活保護を受給すると健康保険料や介護保険料は免除、医療費も実質免除です。さらに東京都なら都営バス、都営地下鉄、NHK受信料も免除されるため、一般年収では約220万円に相当します。

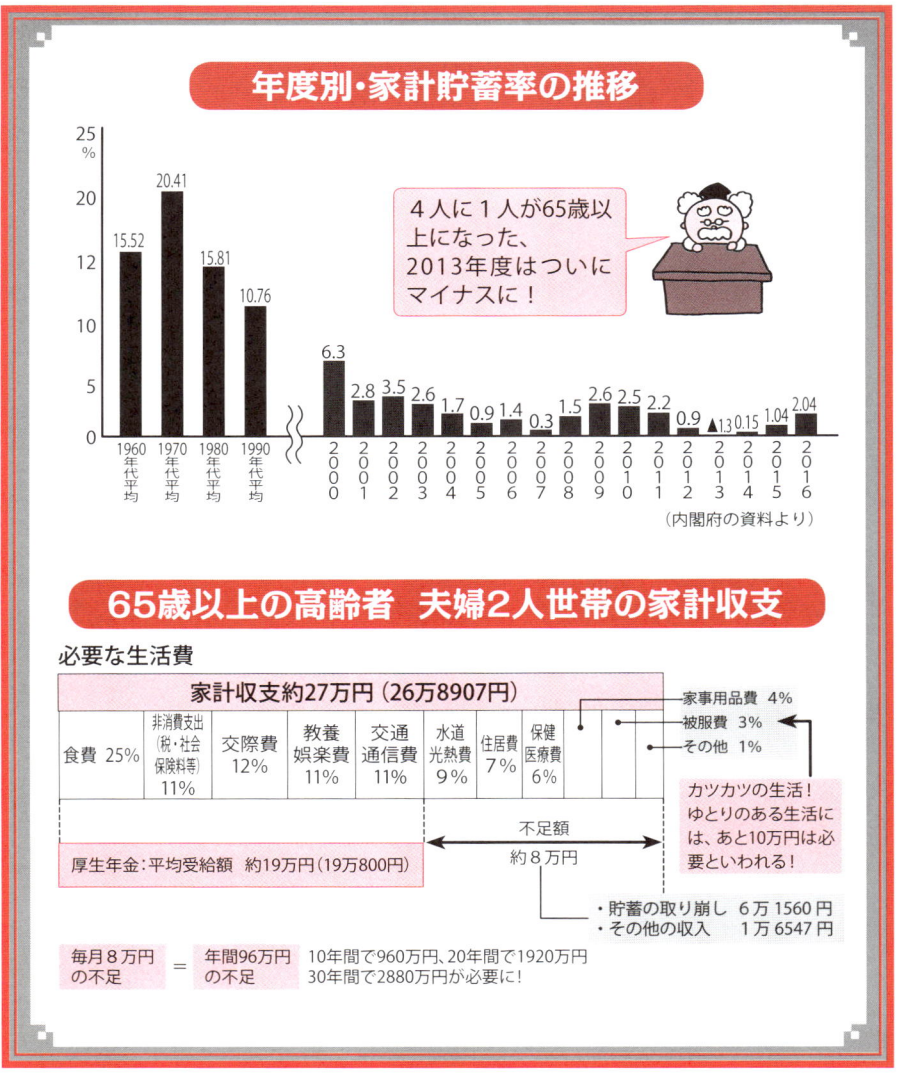

# ④ アベノミクスはどこまで成功したのか？

アベノミクスは、第2次安倍内閣（2012年12月～）が掲げた経済政策です。

日本は90年代以降バブル崩壊後の金融危機を経て「失われた20年」というほど長期の経済停滞に見舞われています。とりわけ90年代後半以降日本は恒常的なデフレに陥り、ここから脱却しない限り、景気回復もままならない状態になっています。

第2次安倍内閣は、長期のデフレからの脱却と名目経済成長率3％を目標とし、その実現のために**「大胆な金融政策」「機動的な財政政策」「民間投資を喚起する成長戦略」**という3本の矢を主軸とするアベノミクスを推進したのでした。

しかし、効果を印象付けたのは、**「大胆な金融政策（日銀の異次元緩和）」によって、1ドル70円台まですすんだ円高を110円台水準まで円安にして輸出大企業に貢献したぐらいで、日銀が目標としたインフレ率2％は、5年以上金融緩和を続けても到達できていません。**それどころか、ここにきて、日銀のマイナス金利の副作用が金融機関にまで現れ始めています。日銀は金融市場から国債を買い入れ、マネタリーベース（日銀の当座にある通貨供給量）は増やしてもマネーストック（経済全体の通貨供給量）は増やせなかったのです。

たしかに安倍政権は、日銀によるETF（上場投資信託）買い入れや、公的資金投入（年金）で株価を押し上げ、法人税減税で大企業中心に支援を続けました。大企業は史上空前の利益を上げ、その内部留保は2017年度末で446兆円まで膨らみます。結局アベノミクスは大企業優先の経済政策で、国民の所得を増やすまでには到っていないのです。安倍首相のいう「経済の好循環」には程遠く、むしろその後遺症が懸念されるのです。

## 日本のインフレ率の推移

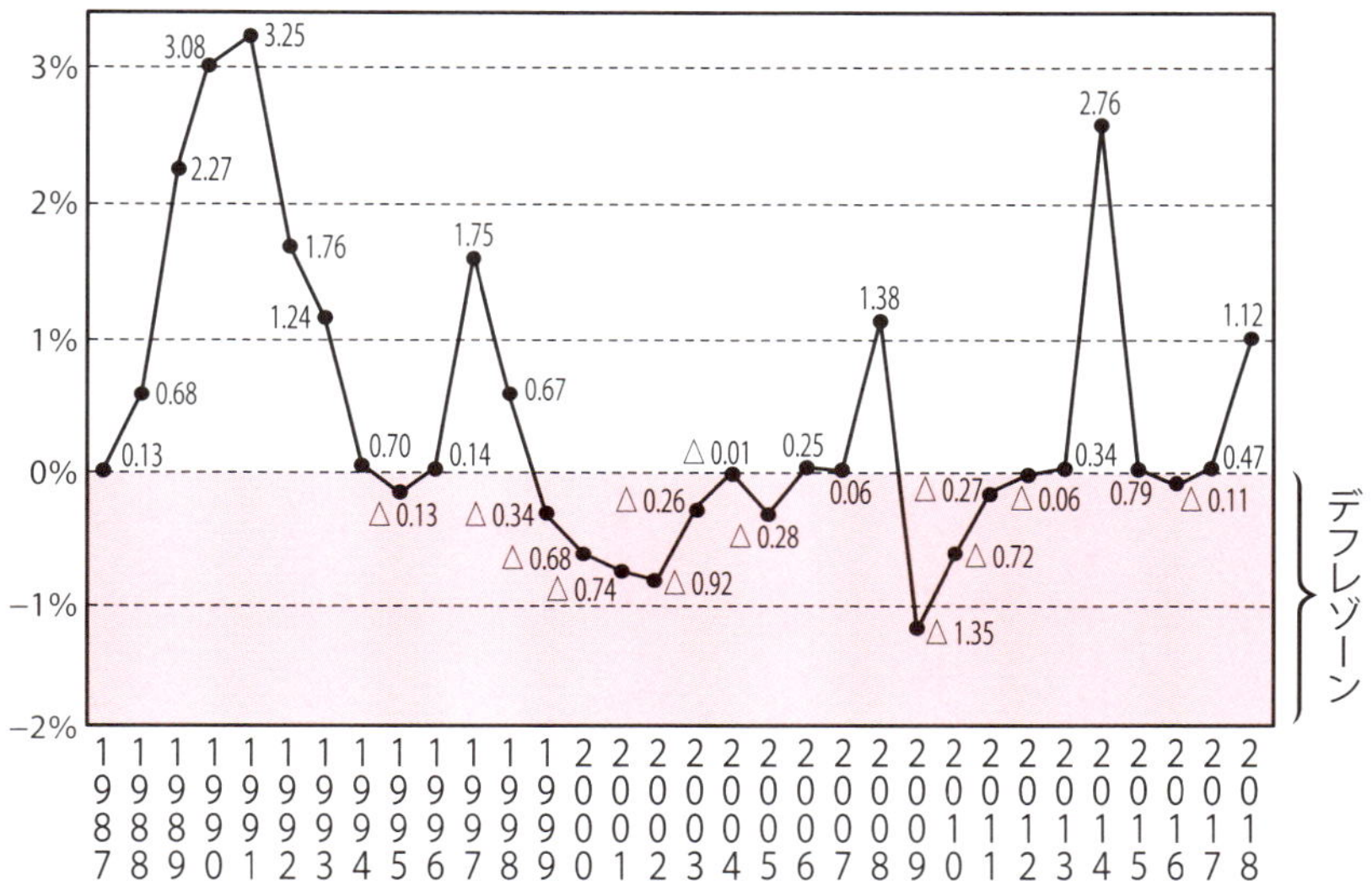


### マネタリーベースの推移

（異次元緩和前）
2013年３月　135兆円
↓
2018年４月　492兆円（3.64倍）

### マネーストックの推移

2013年３月 M３　1152兆円
↓
2018年４月 M３　1331兆円
（1.16倍）

### 経済豆知識

アベノミクスは大企業優遇といわれます。「富める者を富ませれば、やがて富が貧しい者にもしたたり落ちる」というトリクルダウン理論の効果を狙ったものではないかと指摘されるゆえんでしょう。

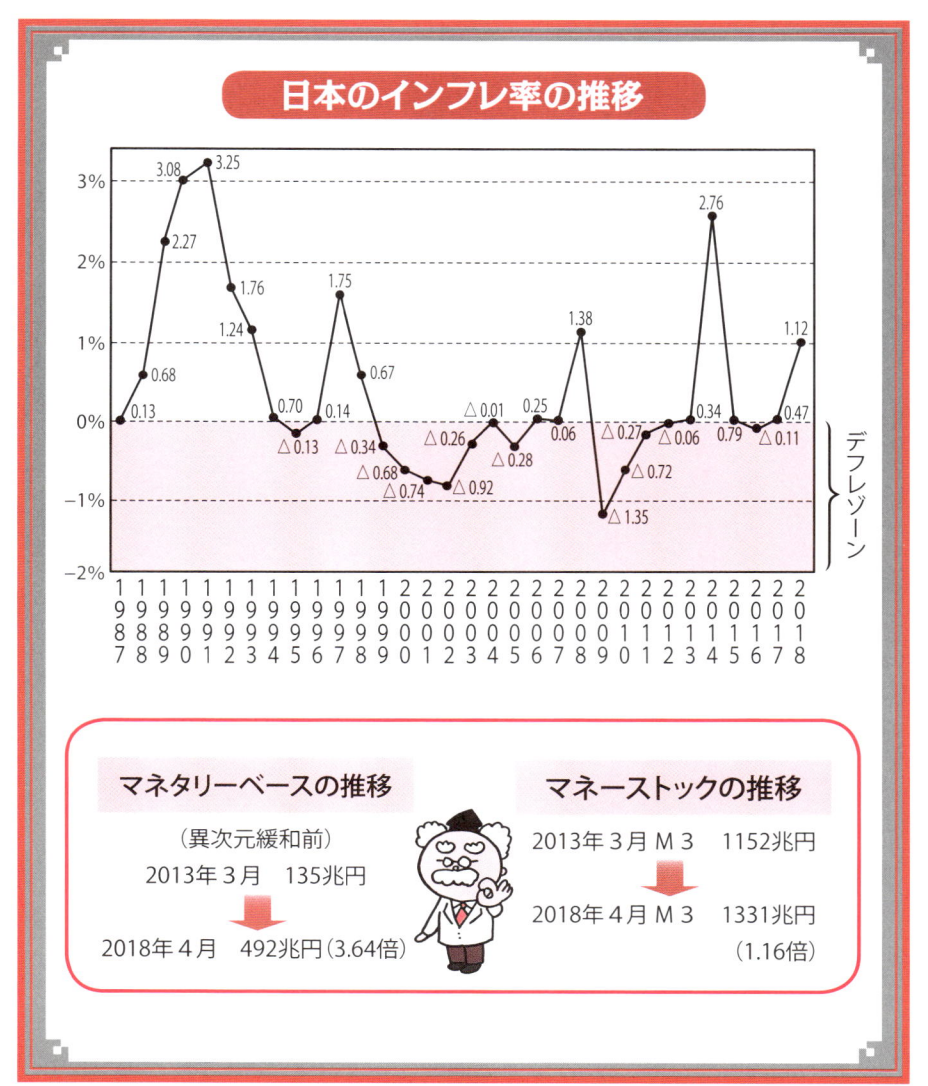

# 5 なぜ消費税率が次々上がっていくのか？

慢性的な財政赤字に悩む政府は、1989年4月に3％の消費税（うち1％は地方消費税）を導入、さらに97年4月から5％に税率をアップしました。また、2014年4月からは8％（うち1・7％は地方消費税）にアップし、その後2度にわたって時期を延期して、ついに2019年10月から10％に引き上げようとしています。

**消費税は、別名付加価値税とも呼ばれ、所得税や法人税のように、稼ぐ（所得がある）ほど税率が上がる累進課税構造にはなっていません。**そのため、所得の低い人にとっては負担の比率が重く、逆進性のある不公平な税という指摘もあります。

日本では、89年に3％の税率で初めて導入し、翌90年度の税収は、60兆円の過去最高額となったものの、実はそれ以降今日まで一度も、この税収額を超えることなく推移してきたのです。

消費税を導入したのに、税収額が90年度の水準を未だに超えられない理由は、景気の悪化で税収が減ったこともありますが、所得税率や法人税率を下げたことも影響しています。法人税率は、世界的潮流として税率が下がっていますから、日本も追随せざるを得ない側面もあります。しかし、それらの穴埋めで消費税率を上げるというのでは高額所得者や大企業優遇策でしかないでしょう。

**付加価値税率の高い北欧諸国では、医療費や大学の授業料が無料など、社会保障体制が手厚いために国民の納得度も高い税制になっています。**

日本の場合、消費税率を闇雲に上げていく前に、社会保障費の抜本的見直し、歳出削減の徹底を行うべきなのに財政規律は緩みっぱなしです。日本は消費税率を上げる度に消費が鈍り、景気を押し下げ、結局税収を減らす愚を繰り返しています。

## 日本の税収の推移

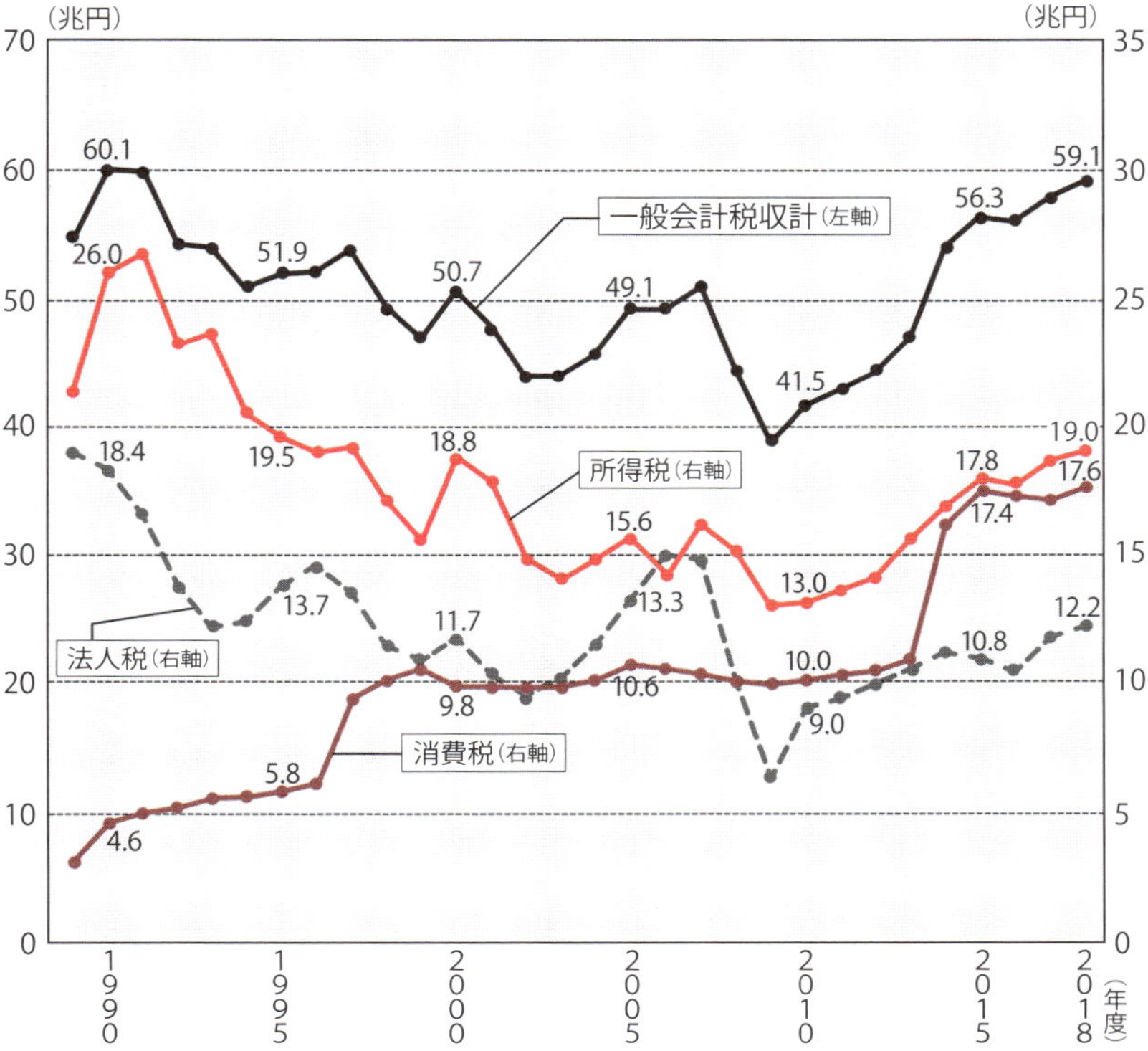


(財務省の資料より)

消費税を10%に引き上げると日本経済にどんな影響が出てきてしまうのか。消費行動が鈍り、経済全体に悪影響を及ぼす可能性も否めません

### 経済豆知識

消費税率を8%から10%に上げる際、食料品などに軽減税率を適用する案があります。外食は10%でも持ち帰りは8%に据え置くというものですが、8%でも欧州の軽減税率に比べ高すぎです。

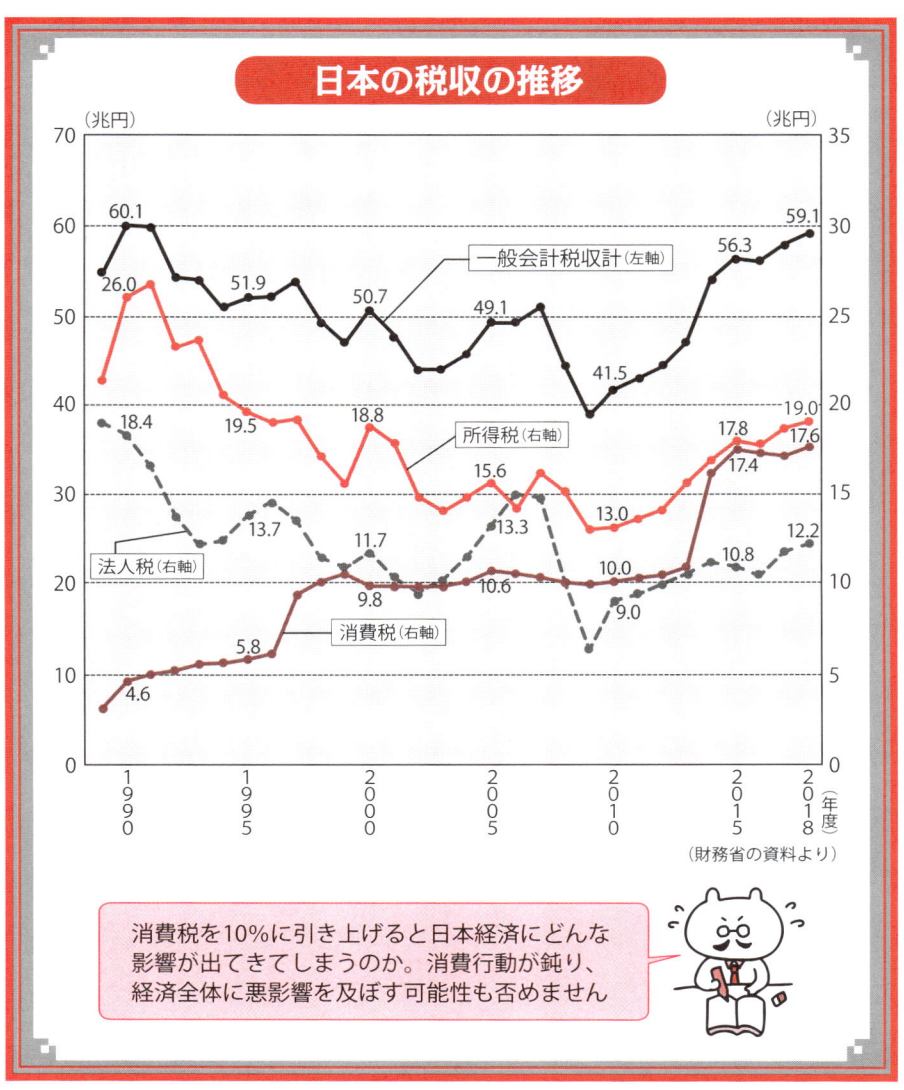

# ⑥「原発事故」がもたらす致命的脅威とは？

２０１１年３月、地震と津波によって東京電力福島第一原子力発電所は大事故を起こしました。その後、津波対策を怠っていた無責任な東京電力をはじめ、電力業界は「原発ゼロ」を阻止すべく原発再稼働に動いています。政府も新たに安全基準を作り、「再稼働ありき」に舵を切りました。

安倍首相は、ＩＯＣ総会で、フクシマは安全と発信しましたが、福島第一原発の原子炉建屋に流れ込む地下水は、今も汚染され続け、保管する汚染水タンクは増え続けています。４基の原子炉は廃炉に向け、８兆円以上かけての数十年に及ぶ廃炉作業に追われています。**危険なのは、原子炉や汚染水だけではありません。全国の原発54基の原子炉建屋の上部には使用済み核燃料プールがあります。ここには未使用、使用済み核燃料が数千本単位で冷却保存されています。**福島原発事故では一時プールが冷却電源を喪失し、危険な事態になりました。また、崩れそうになって緊急コンクリート補強もしました。この使用済み核燃料は、数年間水を循環させるプールの中で冷やし続けないと、万一空気中に露出されると、熱を帯びて核分裂反応を起こし、メルトダウンに到るという危険極まりない代物です。使用済み燃料は、十分に冷却したのち、青森県六ケ所村の再処理工場で新しい燃料に加工することが前提でしたが、この目途も立っていません。

**日本は火山・地震・津波大国です。原子炉事故だけでなく、使用済み核燃料プールが崩れ落ちれば広範な大地が汚染され居住不能になります。**東京も例外でなかったことを想起すべきでしょう。一刻も早く「原発ゼロ」に踏み切り、核のゴミを処理する方法を検討すべきなのです。

## 原子力発電所の現状

| ○印 | △印 | □印 | V印 | ×印 |
|---|---|---|---|---|
| 再稼働 | 設置変更許可 | 新規制基準審査中 | 未申請 | 廃炉 |
| <9基> | <6基> | <12基> | <10基> | <23基> |

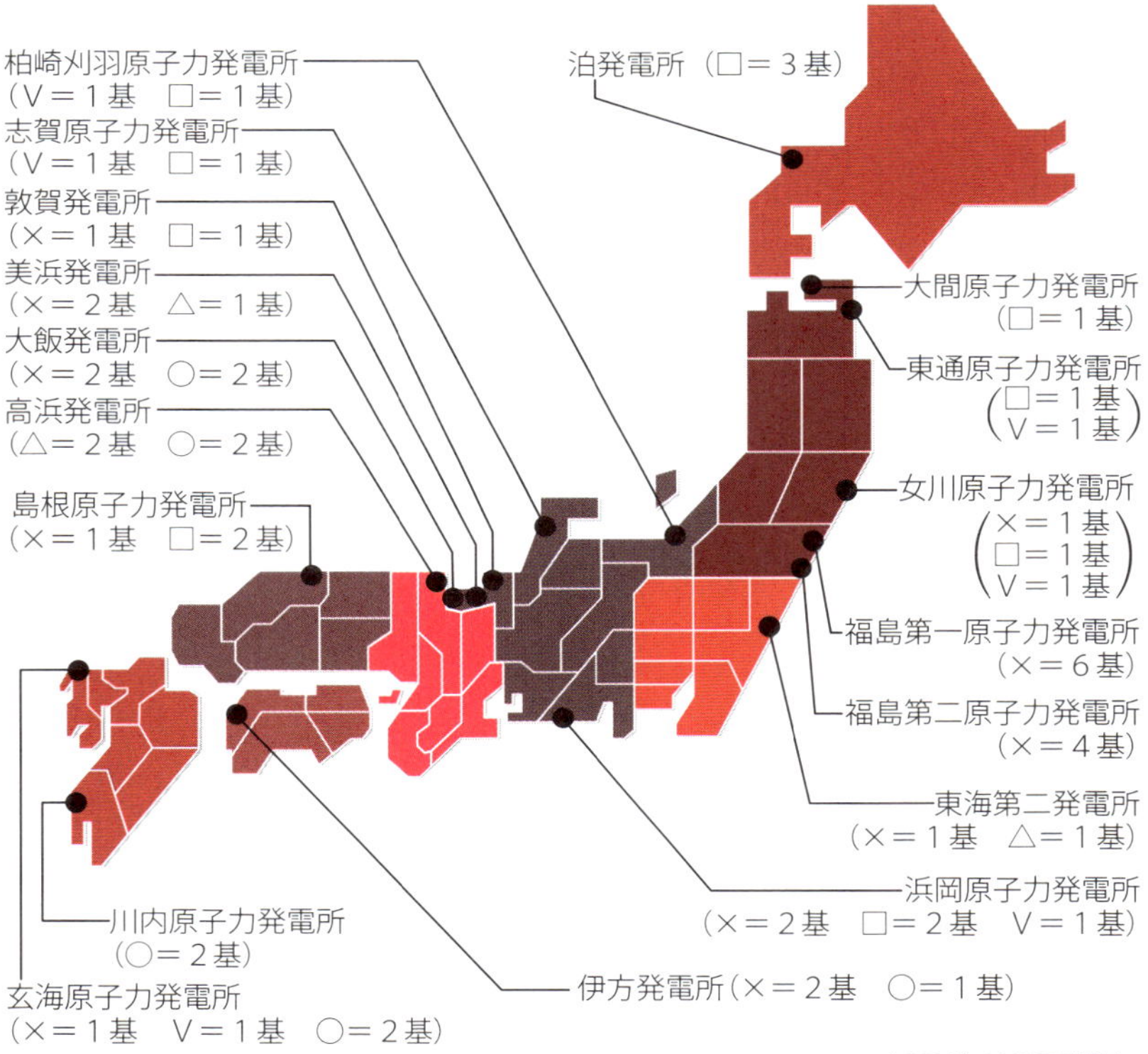


※2018年11月7日現在

### ひとくちメモ

福島第一の汚染水は、一定の放射能物質を除去し汚染水タンクに貯められています。増え続ける汚染水にはトリチウムが残っており、海に放出したい政府・東電側と地元漁協が対立しています。

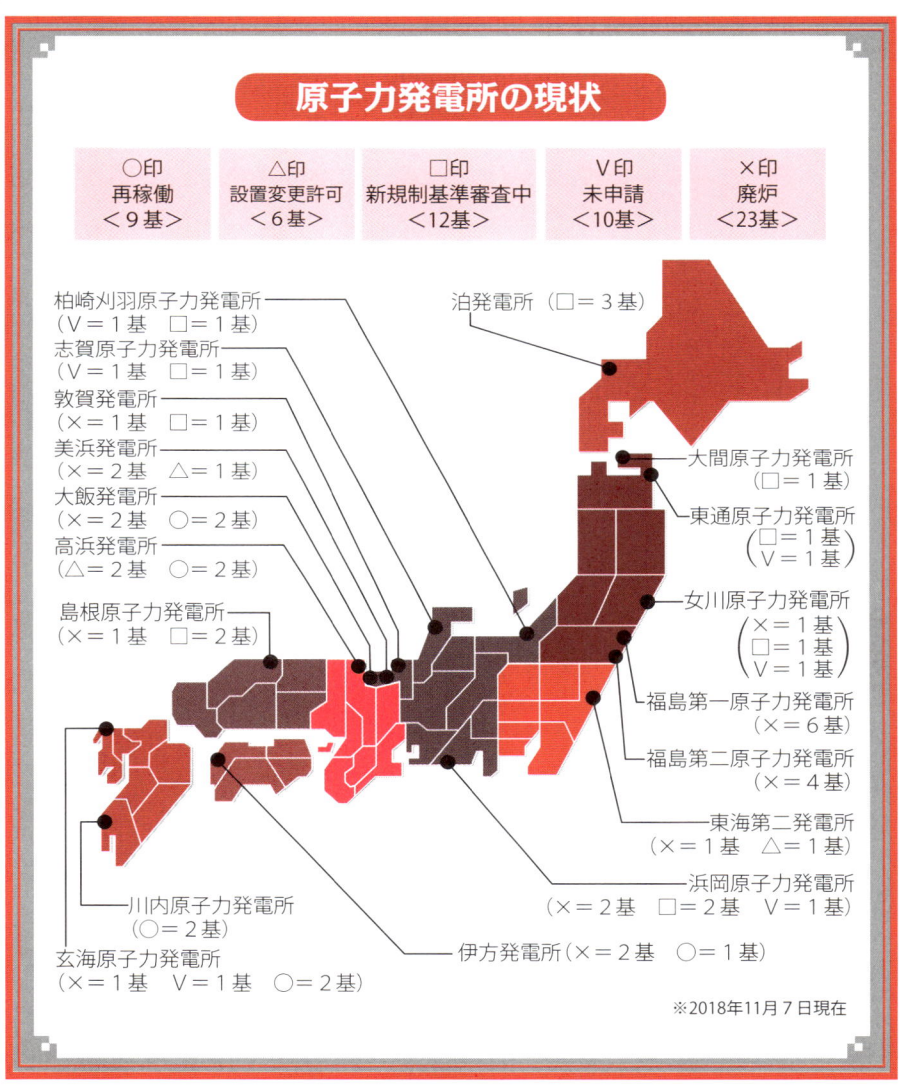

# 7 「働き方改革」の中身と問題点！

安倍首相は「一億総活躍社会」の実現を目指し「働き方改革」など耳当たりのよいスローガンを掲げ、労働制度改革を推進しようとしています。**時間外労働の上限規制の導入、長時間労働の是正、同一労働同一賃金による非正規雇用労働者の待遇改善など、どれも結構な題目が並びます。**

長時間労働を是正し、ワークライフバランスを推進することが、OECD（経済開発機構）加盟35カ国の中でも、とりわけ低い日本の労働生産性向上にもつながるとしています。

ただし、日本の労働生産性が低い理由というのは長時間労働にも原因がありますが、サービス残業を強いる雇用側や、高品質な商品やサービス、おもてなしの接遇といった日本ならではのガラパゴス文化の影響も大なのです。

労働生産性は、GDPを労働者数で割った数値ですから、日本の労働生産性の低さは、失業率の低さでもあります。失業率が高ければ生産性は跳ね上がるからです。

そもそも賃金の低い労働者にとっての残業代カットは生活にも響きます。残業代稼ぎをしているわけでもなければ、仕事の持ち帰りはサービス残業を強いる恐れさえあります。

そのうえ、非正規雇用労働者は全労働者の4割にも及びます。このうち7%弱が派遣社員です。

賃金の3～4割もの中間搾取を行う、違法オンパレードの派遣会社のほうこそ、待遇改善をいうなら禁止すべき業種といえるのです。**安倍首相の本当の狙いは、大企業経営者が望む裁量労働制の普及でしょう。**残業代ゼロで無限に働かせられる専門職の高度プロフェッショナル制度の導入こそが、本来の目的のはずです。

## 正規雇用と非正規雇用労働者の推移

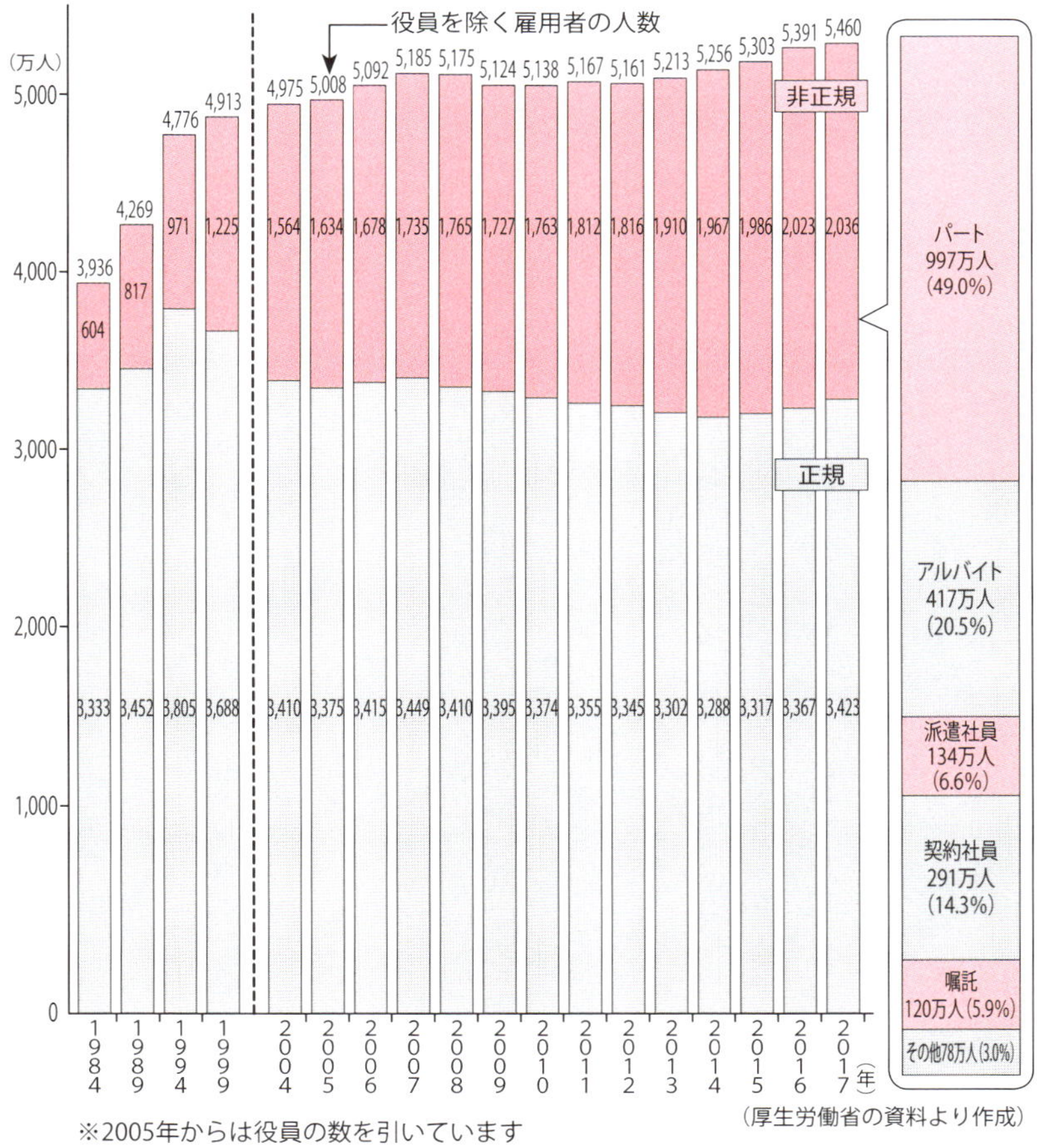


※2005年からは役員の数を引いています

(厚生労働省の資料より作成)

### 経済豆知識

労働政策研究・研修機構が公表した「データブック国際労働比較2018」では日本を100とする賃金の購買力平価換算では、ドイツ176、フランス141、米国126で、賃金は日本よりずっと高いです。

# 8 日本の失業率とその中身は？

**完全失業率とは、15歳以上の労働力人口に占める完全失業者の割合をいいます。**

完全失業者とは「仕事がなくて調査週間（月末1週間）中に少しも仕事をしなかった」「仕事があればすぐ就ける」「調査週間中に仕事を探す活動や事業を始める準備をしていた」という人のことです。これがＩＬＯ（国際労働機関）に準拠した厚労省の基準です。

つまり、働く意思と能力がありながら、不況で仕事に就けない状態の人で、これを「非自発的失業」といいます。

なお、失業していても、具体的な求職活動をしない人は完全失業者とみなされません。これを「自発的失業」といいます。「自発的失業」は、景気の良し悪しに関係なく存在し、ゼロになることはありません。これを自然失業率といいます。

一般に失業率として問題となるのは、前者の「非自発的失業」の場合だけです。**労働力全体に占めるこの比率を「完全失業率」といい、「非自発的失業」がゼロの場合を完全雇用といいます。**

失業が生まれる原因は、主に不況と考えられますが、人口が集中し経済活動が盛んな大都市と、過疎に悩む地方都市との格差といった地域性、技術革新による機械化で人手を必要としなくなる産業構造の変化による影響もあります。

日本では、２００８年９月のリーマン・ショック以降、09年・10年と完全失業率が５％台をつけましたが、２０１２年以降は一貫して下がり続け、２０１８年は２・87％にまで低下します。

アベノミクスによる円安効果での輸出産業の復調、人口減少に伴う急激な労働力人口の減少が主因ですが、その割には賃金上昇は不十分なのです。

## 生産年齢人口と総人口の推移

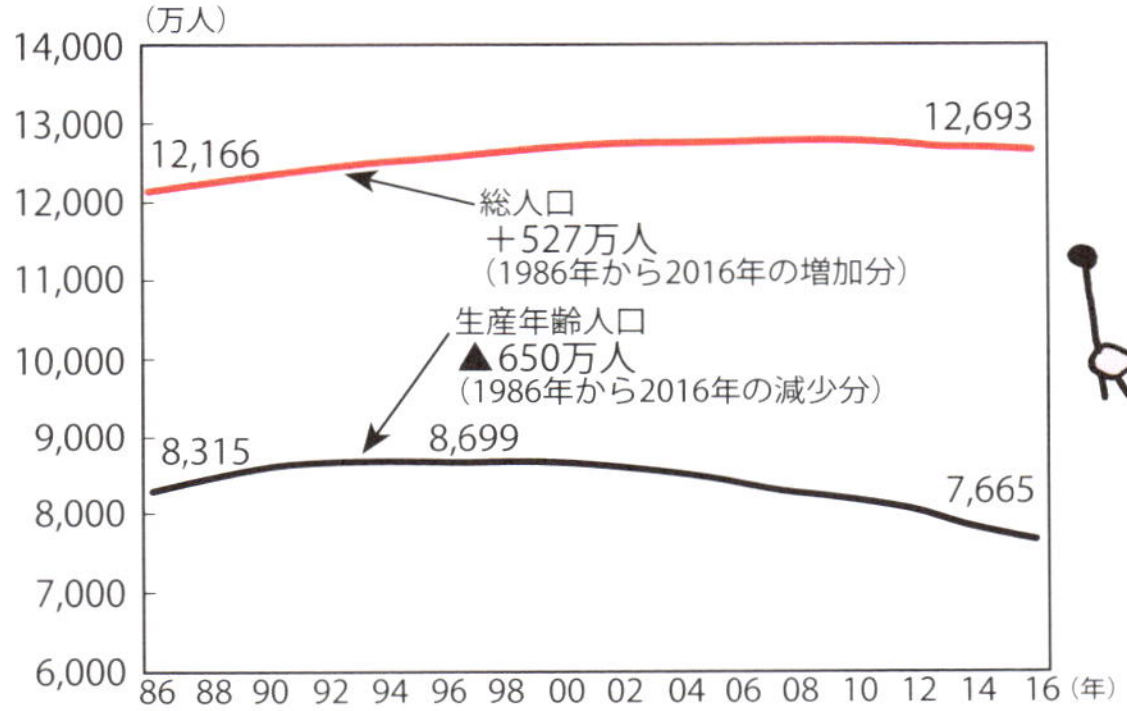

(総務省の資料より作成)

## 完全失業率と有効求人倍率の推移

| 年　次 | 完全失業率(%) | 有効求人倍率(倍) |
|---|---|---|
| 2002年 | 5.4 | 0.54 |
| 2003年 | 5.3 | 0.64 |
| 2004年 | 4.7 | 0.83 |
| 2005年 | 4.4 | 0.95 |
| 2006年 | 4.1 | 1.06 |
| 2007年 | 3.9 | 1.04 |
| 2008年 | 4.0 | 0.88 |
| 2009年 | 5.1 | 0.47 |
| 2010年 | 5.1 | 0.52 |
| 2011年 | 4.6 | 0.65 |
| 2012年 | 4.3 | 0.80 |
| 2013年 | 4.0 | 0.93 |
| 2014年 | 3.6 | 1.09 |
| 2015年 | 3.4 | 1.20 |
| 2016年 | 3.1 | 1.36 |
| 2017年 | 2.8 | 1.50 |

出典：完全失業率は、「労働力調査結果」(総務省統計局)、有効求人倍率は、厚生労働省「一般職業紹介状況」

(総務省の資料より作成)

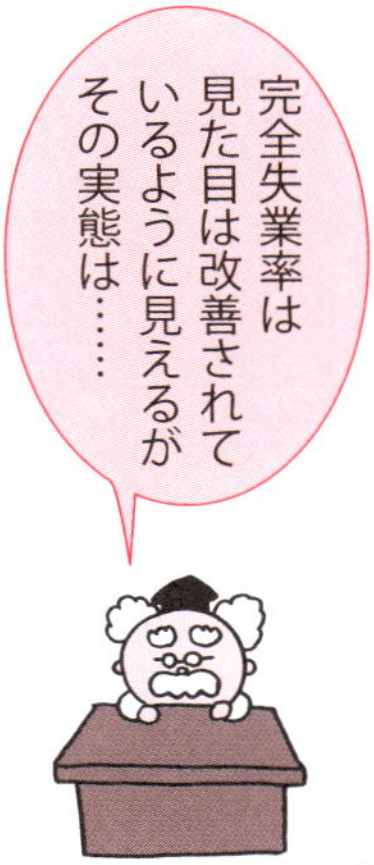


### 経済豆知識

低成長率なのに失業率が低いという珍しい国が日本です。この原因は、生産年齢人口という求職者が減少していることと、同時に介護職の需要が高齢化で急速に拡大しているからなのです。

# ⑨ 日本の政治が怠慢で愚かしい理由とは？

経済と関わる国政についても見ておきましょう。**日本の国会議員は707人（衆院465人・参院242人）ですが、4人に1人が世襲議員です。**

衆議院だけで見ると、3人に1人が世襲で、自民党に限れば4割が世襲なので石を投げると大抵当たります。ここでいう世襲議員の定義は、議員本人と配偶者の3親等内に国会議員、地方議員、地方首長などがいた場合です。日本は世界でも突出して世襲議員の比率が高い奇観《きかん》を呈しています。

これは地方議員も同様で、世襲だらけなのです。

しかしながら、闇雲に世襲議員がけしからんとはいえません。選挙というふるいにかけられた立派な選良だからです。日本人は世襲が大好きなのです。きっと日本の有権者はよく知らない候補者よりも、昔から地元で馴染んでいる著名議員と名前が同じだとか、顔が似ている人に親近感を覚え世襲候補者に票を投じるのでしょう。

ただし、世襲議員ばかりが増殖すると、本当に有能な人が選挙で選ばれなくなる弊害があります。

選挙は昔から、「地盤（後援団体組織など）」「看板（地元での知名度）」「カバン（資金力＝世襲議員は政治資金団体の資金を無税で継承できる）」の3バンが大事ですが、この3つが有利に働くゆえに世襲議員が当選しやすくなります。また、現職議員が自分の子息に適性や能力がなくても自分の後継者にしたがるのは議員職がオイシイからです。

**国会議員になれば、政治権力・高額報酬・高待遇が一気に手にできます。さらに世襲議員同士は、親の縁からの身贔屓《みびいき》もあり党内出世も早まります。**

世襲議員の要諦は一族繁栄と継承です。国家国民よりも世渡りが重要です。公約よりも政治献金になびき、世の中を歪《ゆが》めやすいといえるでしょう。

## 国会議員はこんな待遇だ！

国会議員の報酬及び収入（年間）

| 区分 | 項目 | 金額 |
|---|---|---|
| 国からの現金収入 | 歳　費 | 1561万円 |
| | 期末手当 | 635万円 |
| | 文書通信交通滞在費 | 1200万円 |
| | 立法事務費 | 780万円 |
| | 党経由　政党交付金（分け前） | 最低でも1000万円 |
| その他の収入 | 政治献金（団体・個人） | |
| | 企業の役員報酬 | |
| | 不動産収入。株などの配当金 | |
| | 政治献金（団体・個人） | |
| その他の現物支給 | 議員会館事務所の家賃・電話・水道光熱費→無料 | |
| | 赤坂などの都心一等地の議員宿舎家賃→激安（赤坂3LDK82㎡がたったの8.4万円） | |
| | 海外視察旅行代（個別支給） | |
| | JR全線グリーン車乗り放題パス・その他私鉄など | |
| | 地元との航空券往復チケット（年４回分支給） | |
| | 国民年金（新規は廃止・勤続10年の最低水準でも月額29万円から生涯支給） | |
| スタッフ給与 | 公設秘書（第1・第２）２名＋政策秘書1名　３名分で年間2400万円 | |

（国からの現金収入）年間約5,000万円超

（政党交付金）国民１人250円分の税金で、年間約320億円。議員１人当たり年間4400万円に相当。1995年の導入に際して企業団体献金をやめるはずだったのに、いまだにやめていない

（スタッフ給与）← 陳情処理（口利き）と議員の当選活動（地元向け）がメイン

## 世襲の人が当確に有利な理由

- **地盤** ← 地元の後援会、支援団体
- **看板** ← 親や親族の知名度
- **カバン** ← 親や親族の政治資金管理団体

これらをそのまま受け継げるので有利になる。本来残った政治資金は国庫に返納されるべきだが、無税で引き継がれている。

### 経済豆知識

「怠け者の楽園」の地方議会議員もひどい状況です。都道府県議の平均年収は約2000万円（議会は年間90日程度）、市議会議員約850万円（同80日程度）、町村議員450万円（同40日程度）です。

# 10 オリンピック後の景気はどうなる？

２０２０年夏には東京オリンピック・パラリンピックが開催されます。景気はいったいどうなるのでしょう。**日銀が２０１５年12月に出した「２０２０年東京オリンピックの経済効果」というレポートによれば、五輪開催に向けて建設投資や訪日消費などが盛り上がり、２０１５年から18年まで実質ＧＤＰ成長率を０・２〜０・３％押し上げる効果があると試算しています。**しかし、オリンピック後は必ず反動減があり、景気は下振れするのがこれまでの通例でした。ただし、日本の場合は、19年の消費税率アップによって、五輪以前に景気が腰折れして五輪を迎える初の国になりそうなのです。通常は五輪までは景気が盛り上がります。00年のシドニー五輪、04年のアテネ五輪、08年の北京五輪、12年のロンドン五輪、16年のリオデジャネイロ五輪然《しか》りでした。

しかし、五輪開催後はいずれも景気は反動減となっています。ちなみに日銀のレポートでは、20年の五輪開催年には名目ＧＤＰを８兆円押し上げ、ＧＤＰ比１・４％としています。ＧＤＰ寄与率で見る五輪の経済効果はあまりないのです。64年の東京五輪の時はＧＤＰ寄与率が10％近くもあったと推計されたのと比べ低すぎます。

むしろ、五輪前に消費税率アップと世界経済の変調によって不況のどん底に陥っている懸念があるのです。米中の貿易戦争も終わりが見えません。**２０２５年には団塊の世代（１９４７〜49年生まれの８００万人）の全員が75歳以上の後期高齢者となり、４人に１人が後期高齢者なので、社会保障の需給バランスが大きく崩れていきます。**こうした状況が日本を危機に陥れます。日本の将来を考えれば、本当は五輪どころではないのです。

## 2020年東京オリンピック以降の株価はどうなる?

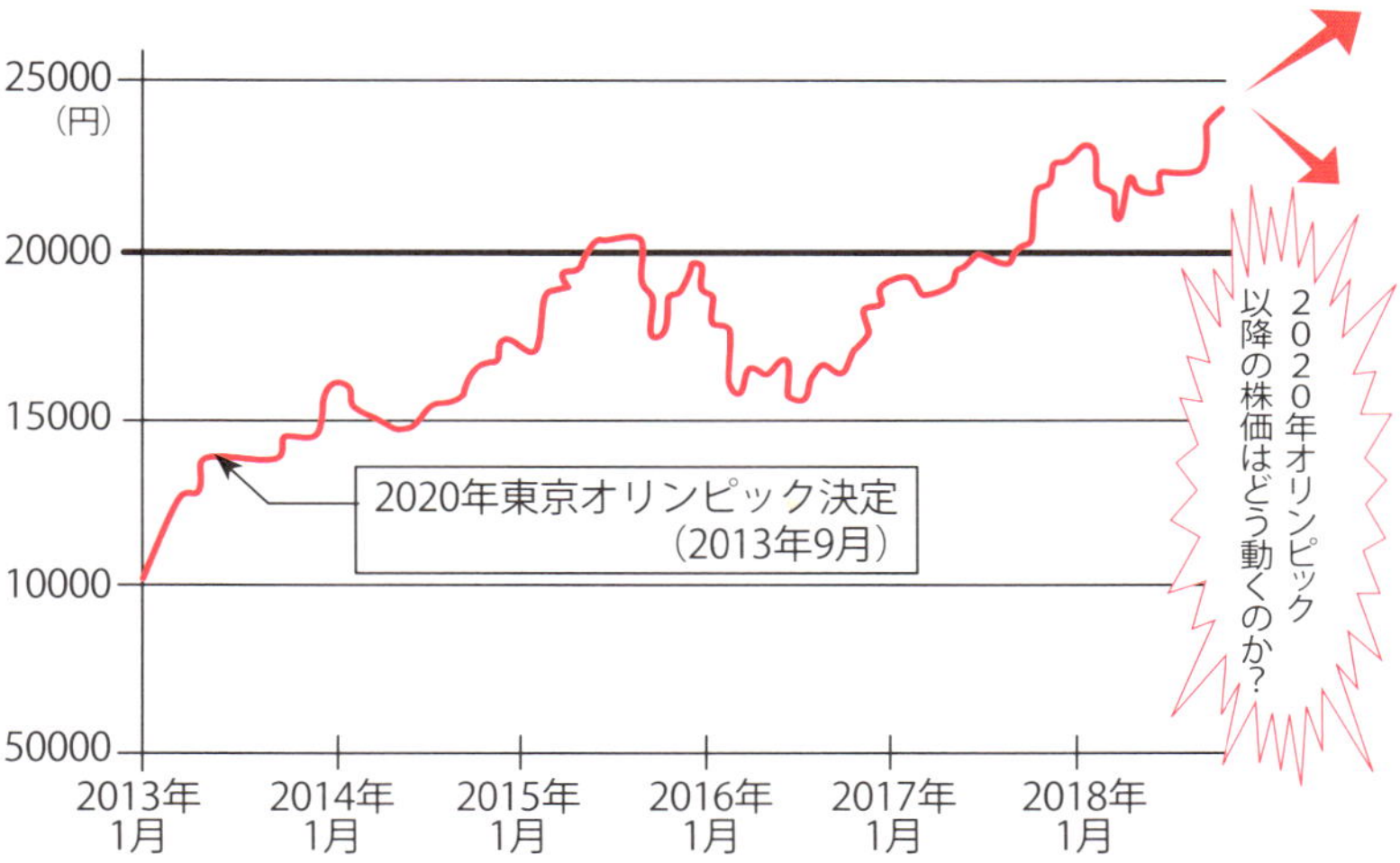


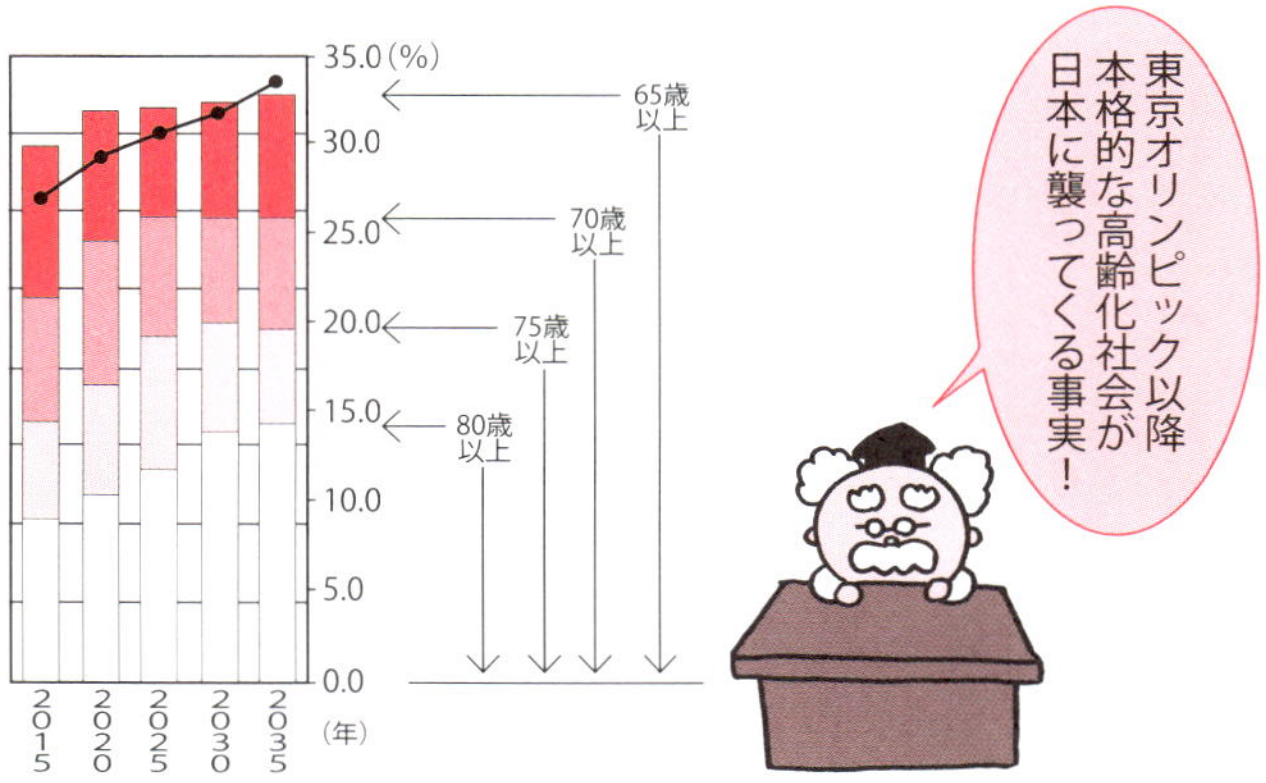


## 経済豆知識

東京五輪経費は当初試算で1兆3500億円と見込まれていたのに、闇雲に膨張し3兆円を超えると予想されるまでになっています。五輪に群がる魑《ち》魅魍魎《みもうりょう》によって無駄金が積み上がったのです。

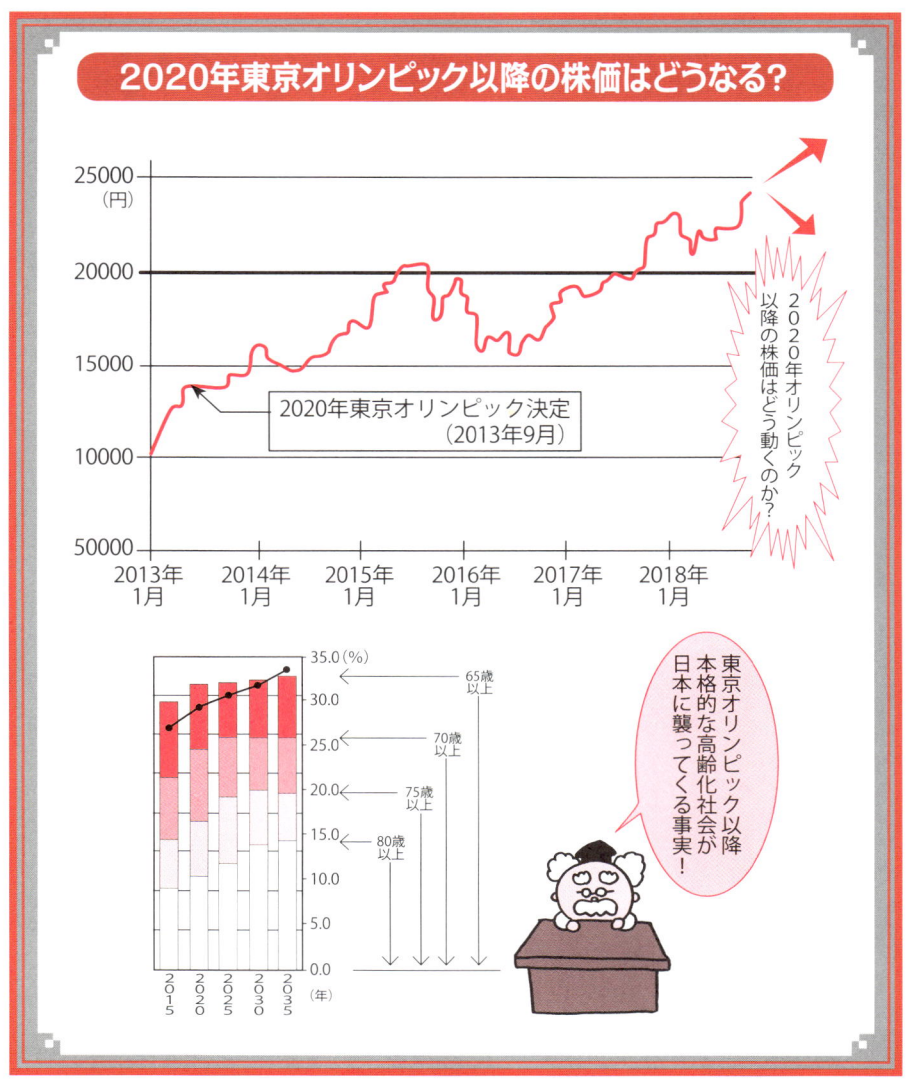

# NPO法人なのに儲けを出してよいのか？

**NPO（Non Profit Organization）とは、非営利組織のことです。**似た名称にはNGO（Non Governmental Organization・民間非政府組織）がありますが、こちらは海外で国際協力を行う組織で、いずれも非営利で非政府という面では同義語です。世の中の公益を担うのは、本来は政府の役割でした。しかし、政府には公平・公正性が求められます。価値観が多様化し、社会が複雑化した今日では、迅速かつ肌理《きめ》細かい公益事業も必要になります。そこで、17の活動分野で企業同様に法人格を与え、継続的な公益事業が行えるよう、98年12月にNPO法（特定非営利活動促進法）が施行されたのです（現在は20の活動分野）。営利を目的としないものの、事業収入を得てスタッフは給与を得ることも可能ですが（役員の場合の報酬は役員総数の3分の1以下に限定される）、大部分の組織は事業収入より、寄付や補助金に頼るところが多いのです。また、株式会社と違うのは利益を出してもそれを分配できず、次の活動に回すだけになります。

また、営利事業の会計は、非営利活動の会計とは別にして法人税もかかります。**一般の人は「うちはNPOです。営利を目的としていません」と聞くと、**

NPO法人になって貧困ビジネスを行い、理事長報酬を最大化して儲けている例もあるよ

ボランティア団体と勘違いしがちです。しかし、前述の通り、NPOと称するだけでは任意団体にすぎず、銀行口座を作るにも、代表者名で口座をつくるしかなく、不動産登記なども同様です。一般に非営利の団体といえば、他にも社団法人や財団法人を思い浮かべる人が多いでしょうが、これらは設立時の財政基盤に多くの制約があります。そこで幅広い活動が容易に行えるようにしたのが、法人格をもったNPO法人なのです。ちなみに高い公益性をもつNPO法人には、国税庁から認定を受けた「認定NPO法人」もあります。

認定NPO法人になると、寄付金に対して税額控除が受けられるので寄付金が集めやすくなり、さらには事業活動への軽減税率も適用されます。2018年8月時点で、都道府県もしくは所轄庁から認証を受けたNPO法人は51770団体、国税庁から認定を受けた認定NPO法人は1088団体です。

## NPO法で定められた20の特定非営利活動

① 保健、医療または福祉の増進を図る活動
② 社会教育の推進を図る活動
③ まちづくりの推進を図る活動
④ 観光の振興を図る活動
⑤ 農山漁村または中山間地域の振興を図る活動
⑥ 学術、文化、芸術またはスポーツの振興を図る活動
⑦ 環境の保全を図る活動
⑧ 災害救援活動
⑨ 地域安全活動
⑩ 人権の擁護または平和の推進を図る活動
⑪ 国際協力の活動
⑫ 男女共同参画社会の形成の促進を図る活動
⑬ 子どもの健全育成を図る活動
⑭ 情報化社会の発展を図る活動
⑮ 科学技術の振興を図る活動
⑯ 経済活動の活性化を図る活動
⑰ 職業能力の開発または雇用機会の拡充を支援する活動
⑱ 消費者の保護を図る活動
⑲ 前各号に掲げる活動を行う団体の運営または活動に関する連絡、助言または援助の活動
⑳ 前各号に掲げる活動に準ずる活動として都道府県または指定都市の条例で定める活動

Column
⑤

## モノの値段が決まるカラクリ！

経済学では、市場での需要と供給の関係で、モノやサービスの価格が決まるとされています。需要側の家計と、供給側の企業を例にとると、家計は安くモノが買えるに越したことはありません。そのため、モノの価格が高くなるほど購入を手控えます。供給側の企業は、モノの価格が高いほど売れれば儲かるので生産量を増やそうとしますが、生産を増やせば、やがてモノはあふれ、購入する人も減るので価格を下げて生産量も減らさざるを得なくなります。これを需要曲線と供給曲線で表すと、両者の交わる均衡点が得られます。この均衡点が、両者とも納得できる適正な市場価格ということになります。ところで、モノには３種類あります。所得の増加や価格の低下で需要が増加する宝石や毛皮といった上級財、所得の増加や価格の低下でも需要が増えない石鹸、歯ブラシ、タオル、トイレットペーパーなどの中立財、所得の増加で逆に需要が減ってしまう発泡酒、焼酎、モヤシなどの下級財です。

# 参考文献


『なぜカノジョは原価100円の化粧品を1万円で買ってしまうのか?』(神樹兵輔著/フォレスト出版)
『老後に5000万円が残るお金の話』(神樹兵輔著/ワニブックス)
『40代から知っておきたい お金の分かれ道』(神樹兵輔著/フォレスト出版)
『図解 経済の常識』(神樹兵輔著/日本文芸社)
『知っておきたいお金の常識』(神樹兵輔著/日本文芸社)
『街角のタバコ屋はなぜ営業を続けられるのか?』(神樹兵輔著/日本文芸社)
『見るだけでわかる ピケティ超図解』(神樹兵輔著/フォレスト出版)
『知らないとソンする! 価格と儲けのカラクリ』(神樹兵輔著/高橋書店)
『知られたくない裏事情「不都合な真実」』(神樹兵輔著/ぱる出版)
『日本経済のポイントとしくみがよ〜くわかる本』(神樹兵輔著/秀和システム)
『面白いほどよくわかる最新経済のしくみ』(神樹兵輔著/日本文芸社)
『最新 日本経済キーワード』(神樹兵輔著/高橋書店)
『面白いほどよくわかる世界経済』(神樹兵輔著/日本文芸社)
『自分に合った資産運用 投資術』(神樹兵輔著/西東社)
『サラリーマンのための安心不動産投資術』(神樹兵輔著/秀和システム)
『衝撃の真実100』(神岡真司著/ワニブックス)
『効きすぎて中毒になる最強の心理学』(神岡真司著/すばる舎)
『貧困からの大脱出 ディートンの経済理論』(大谷清文編/徳間書店)
『マイナンバーで損する人、得する人』(大村大次郎著/ビジネス社)
『普通の人が老後まで安心して暮らすためのお金の話』(佐藤治彦著/扶桑社)
『現代用語の基礎知識』(自由国民社)
『図解知らないとヤバイお金の話』(岡崎充輝著/彩図社)
『図解 山崎元のお金に強くなる!』(山崎元著/ディスカヴァー・トゥエンティワン)
『経済学を学ぶ』(岩田規久男著/筑摩書房)

WEBサイト
財務省・総務省・APP通信・共同通信・Wikipedia 他



•カバーデザイン/ BOOLAB.
•本文DTP/松下隆治
•編集協力/オフィス・スリー・ハーツ
酒井和子

## ▽あとがき・「もう騙されないぞ」という確信に満ちた行動へ！

最後までお付き合いいただき、ありがとうございました。

「経済」について知っていることもあったけれども、知らないことも多かった――そんな感想をお持ちいただけた方が少なくなければ幸いです。

世の中は、巧妙かつ欺瞞《ぎまん》的なカラクリに満ちています。

あなたを安心させる方便だらけだからです。

本書で得られた「経済」の知見があれば、きっと日常生活に生かしていただけると思います。

お金は「人体」の血液によくたとえられます。

お金が世の中をクルクルと回っている時が、血液と同じで健康体であり、経済が活発で、景気がよい状態だからです。

しかし、日本では、お金が滞留しています。

ごく一部のところでは、クルクル回り活発ですが、私たちの身の回りでは、あまり景気のよい話は聞こえてこないでしょう。かつての高度成長期と異なり、日本は成長しなくなっているからです。

失業率が低くて、人手不足といわれるのに、賃金は上がりません。

日本は成熟経済ともいわれますが、本当でしょうか。

格差がひろがり、貧困に陥る人が増えているのが実態です。


これから先、オリンピックやパラリンピックの宴のあとに、未曽有の不況が訪れるやもしれません。

貧しい人が増えれば増えるほど、経済は回らなくなります。

政府は、単純労働に従事する外国人の門戸を広げようとしています。

日本人労働者の賃金を上がらなくさせるデフレ政策に他なりません。

経済が成長しないと、あちこちでこうした「矛盾」が多くなります。


本書で得られた知見をもとに、ぜひ「もう騙されないぞ」という確信をもって行動されることを願っています。そうでないといつまでも、あなたの生活が豊かにならないからです。

賃金が上がらない中、今こそ、長寿を生き抜けられる賢い英知が求められます。

本書を糧《かて》に、合理的な選択で人生を切り開いていただければ嬉しく思います。

あなたの日常生活や長い人生に栄光あれ――と願ってやみません。

神樹兵輔

【著者略歴】

**神樹兵輔**（かみき・へいすけ）

投資コンサルタント＆エコノミスト。

富裕層向けに「海外投資・懇話会」主宰、金融・為替・不動産投資情報を提供している。著書に『面白いほどよくわかる最新経済のしくみ』『面白いほどよくわかる世界経済』『現場で使えるコトラー理論』『知っておきたいお金の常識』『街角のタバコ屋はなぜ営業を続けられるのか？』『図解 景気のカラクリ＆金融のしくみ』『図解 経済の常識』『金儲けの投資学』（小社刊）、『悪の経済学』（ＫＫベストセラーズ）、『自分に合った資産運用・投資術』（西東社）、『サラリーマンのための安心不動産投資術』（秀和システム）、『20代で資産をつくる本』（廣済堂出版）、『なぜカノジョは原価100円の化粧品を１万円で買ってしまうのか？』（フォレスト出版）など多数。

メールアドレス kamiki0255@yahoo.co.jp

眠れなくなるほど面白い

図解 経済の話

2018年12月20日　第１刷発行
2019年 9 月10日　第４刷発行

著者
神樹兵輔

発行者
吉田芳史

印刷所
図書印刷株式会社

製本所
図書印刷株式会社

発行所
株式会社日本文芸社

〒101-8407 東京都千代田区神田神保町1-7

TEL.03-3294-8931［営業］,03-3292-8920［編集］

＊



ISBN978-4-537-26198-1

112181213-112190823Ⓝ04 (409105)

編集担当・坂

URL https://www.nihonbungeisha.co.jp/